장영실의 흠경각루,
그리고 과학산책

민속원 학술문고 035

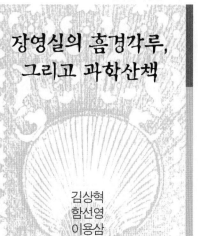

# 장영실의 흠경각루, 그리고 과학산책

김상혁
함선영
이용삼

민 속 원

15세기 장영실은 두 가지 놀라운 자동물시계를 개발한다. 하나
는 그의 창조적인 능력을 발휘하여 자동화 기술을 집약한 보루각루
(1434년 제작)이다. 일명 자격루로 알려진 이 물시계는 전란으로 파손
되었고, 중종때 복원된 것은 현재 자동시보장치가 훼손되어 물시계
부분만 남아 있다. 2005년에 보루각루는 물시계와 자동시보장치를
완전히 복원하여 국립고궁박물관에서 전시하고 있다.

또 다른 자동물시계는 보루각루의 제작이후 만 4년이 지나지 않
아 만들어진 물시계이다. 흠경각 내부에 설치한 이 물시계는 금으로
장식한 태양이 계절에 맞게 운행하도록 했고, 37명의 시보인형들이
가산 및 평지에서 드라마틱한 연출을 했던 당시의 최첨단 천문시계
였다. 하지만, 흠경각루는 현존하지 않으며, 조선왕조실록 등에 기
문과 수리기록 일부가 남아 있다.

이 책은 흠경각루 복원을 위한 내용을 중심으로 기술하고 있지
만, 관련 내용 및 주변 지식을 일정한 형식에 구애받지 않고 서술하
여 관련자는 물론 일반인들도 쉽게 이해할 수 있도록 구성했다. 이
책은 모두 다섯 개의 영역으로 구분된다.

첫째 마당은 "흠경각, 그리고 자동물시계"에 대한 내용으로 현
재 진행하고 있는 경복궁 복원사업이 건물 중심으로 이루어진 한계
를 직시하고, 과학기기에 대한 복원도 함께 이루어져야 함을 기술
했다. 흠경각루의 기문은 김돈에 의해서 작성되었는데, 흠경각루의

외형 모습과 작동 구조에 대하여 자세히 서술하고 있다. 흠경각루의 제작은 당시 자동화 기술의 최고 능력을 겸비한 장영실에 의해 진행되었다. 장영실에 대한 조선왕조실록 기록을 통해 흠경각루 제작자에 대한 올바른 이해를 돕고자 하였다.

둘째 마당은 "자연을 닮은 흠경각루"에 대한 내용으로 흠경각루 가산의 자연풍경을 중심으로 기술했다. 산 위의 4신옥녀와 4신, 산기슭의 사신과 종·북·징을 타격하는 시보인형, 평지의 12신옥녀와 12신에 대한 작동메커니즘을 분석했다. 또한 조선의 시각제도가 오늘날의 24시간과 같이 24등분으로 구분하여 사용한 것을 밝히고, 12신에 대한 상징 동물이 아시아 다른 국가에서 어떻게 이해되고 있는지 살펴보았다. 한편, 가산의 남쪽 평지에는 기울어진 그릇을 설치해 임금의 권력에 대한 남용을 항상 경계하도록 했는데, 이에 대한 공자의 일화를 제시했다. 그리고 태양의 일주운동과 연주운동을 구현하는 가산 위의 혼천의 작동메커니즘을 제시했다.

셋째 마당은 "흠경각루 내부 모습"에 대한 내용으로 문헌기록에 나타난 흠경각루 수리내용기록을 분석하고, 동시대의 과학기기에 대하여 조사했다. 분석을 통해 5층 규모의 기륜의 역할, 주전장치와 구슬신호, 파수호의 개수, 수차를 제어하는 천형장치, 수수상의 형태에 대한 여러 사실과 기술사적 내용을 바탕으로 내부구조에 대한 근거를 마련했다.

넷째 마당은 "11세기 거대한 시계탑: 수운의상대"에 대한 내용으로 북송대의 소송이 저술한『신의상법요』를 분석했다. 소송은 한공렴과 더불어 시계제작사에서 위대한 창조물인 수운의상대를 만든 후『신의상법요』를 저술하면서 제작기술사와 제작법을 상세히 남겼다. 수운의상대의 외형과 내부장치, 혼의와 혼상, 수격식 메커니즘은 조선 흠경각루의 수격식 작동메커니즘에 영향을 주었던 것으로 파악된다. 최근 동아시아 각국에서 작동 모델로 복원한 수운의상대를 소개하여 향후 흠경각루 복원 모델 연구에 활용하고자 하였다.

다섯째 마당은 "천문유산 그리고 과학산책"에 대한 내용으로 과학문화재에 대한 복원과정 및 현황에 대하여 소개했다. 또한 언론사 및 기관에 투고된 과학문화재에 대한 글을 모아 독자들의 관심과 이해에 보탬이 되고자 했다. 아울러 최근까지 진행된 흠경각루 연구에 대한 내용을 요약하고, 향후 진행할 복원내용에 대하여 간략히 소개하였다.

이 책의 본문을 구성하는 근간은 "세종시대 천문시계 흠경각루의 복원 모델 연구와 현대적 활용"이라는 한국연구재단 연구지원 사업을 바탕으로 하고 있다. 한국연구재단 관계자에게 깊은 감사의 말씀을 드린다. 또한 과학문화재의 복원연구를 위해 함께 해온 한국천문연구원의 안영숙 박사님과 민병희 박사님, 양홍진 박사님, 안상현 박사님, 최고은 선생을 비롯한 여러 동료들에게도 감사의 말씀을 드린다.

그리고 이 책이 나올 수 있도록 배려해 주신 민속원 홍종화 사장님을 비롯한 관계자 여러분께도 감사를 드린다. 끝으로 책에 대한 구성과 집필과정 내내 세심한 조언을 아끼지 않았던 아내 이경하와 늘 아빠를 응원해 준 수현에게도 고마운 마음을 전한다. 이 책이 흠경각루의 복원을 위한 밑거름으로 활용되길 바라며, 한국의 고천문학 연구 및 교육 분야에서 널리 사용되기를 희망한다.

2017년 10월
대표저자 김상혁

공상 과학에서 전통천문학으로

어릴 적 주말 아침에 보았던 공상 과학 만화로부터 나의 천문학자에 대한 꿈은 시작되었다. 은하철도 999...어린 시절 천문학에 대한 동경과 꿈을 갖기에 충분한 만화 영화이다. 영원한 생명을 얻기위해 안드로메다로 떠나는 주인공 철이는 메텔과 함께 드넓은 우주를 여행하고 마침내 기계인간이 되기 위해 행성에 도착하지만, 그곳에서 만난 기계 인간들의 나태한 모습에 실망하고, 영원한 생명이 얼마나 덧없고 허망한 바램이었나를 자각하면서 이 영화는 막을 내린다.

공상 과학을 좋아했던 나에게 또 하나의 즐거움은 외계인의 지구침략과 이를 물리치는 지구인들의 활약이 담긴 미니시리즈 브이V를볼 수 있었던 것이다. 당시에 주인공이었던 마이크 도노반과 줄리엣 패리시 등의 활약은 지구에 외계인들이 왔을 때 어떻게 행동하고 살아야 하는지를 알려주었으며, 외계생명체에 대한 끝없는 의문을 갖도록 했다. 이후 스타트랙, 스타워즈 등의 SF영화는 어느덧 나를 천문학의 길로 인도하였다.

미국의 천문학자 칼 세이건Carl Sagan(1934~1996)이 말한 것처럼 광활한 우주 속에 우리 인간만이 존재한다는 것이 얼마나 큰 공간의 낭비였는지를 충분히 공감한다. 따라서 외계생명체의 존재에 대한 가능성은 내 가슴 속에 깊은 울림으로 작용했다. 이러한 울림은 역사에 대한 깊은 관심과 융화되어 전통천문학의 역사 퍼즐 맞추기에 흥미를 갖도록 했다.

현대천문학이 우주에 대한 근본적 의문을 풀어나간다는 맥락이 현재 내가 하고 있는 역사속에 놓여진 천문학의 퍼즐을 풀어간다는 것과 별 반 다르지 않다고 생각한다. 역사 속에 놓여진 천문학, 현대에는 이것을 전통천문학 또는 고천문학, 역사천문학, 고고천문학 등으로 부른다. 내가 전통천문학을 본격적으로 시작한 것은 군대 제대후 복학하여 연구실에 들어가면서 부터이다. 당시 지도교수께서 진행하고 있는 천문의기에 대한 복원과정을 지켜보면서 시작되었다. 이후 전통천문학과 인연을 맺고 대학원을 거쳐 한국과학사 및 문화재 관련 공부를 진행하면서 지금까지 전통천문학에 대한 나의 애정은 계속되고 있다.

천문의기 복원연구 그리고 흠경각루에 대하여

1996년 소간의와 물시계 연구를 시작으로 내 생애 처음 복원 연구가 시작되었다. 2005년부터는 과학사 및 고천문학 강의도 병행하였다. 그러던 중 2010년에는 우리나라의 천문우주과학 국가대표 격인 한국천문연구원으로 자리를 옮겼다. 여기서 전통천문학에 대하여 다양한 주제로 연구하는 연구자들과 함께 천문의기 복원연구를 진행하게 되었다. 필자는 이곳에 와서 조선의 천문관측대인 간의대에 대한 연구를 수년째 진행하고 있다. 또한 1년의 길이와 24기를 측정할 수 있는 8척 규표에 대한 복원 연구를 진행하여 연구원 앞뜰에 복원 설치하는데 힘을 보탰다. 규표는 천문역법 제정을 위한 가장 기본이 되는 관측기기였다. 다시 말해 한 국가의 역법제정을 위해 가장 기초적이고 중요한 기기로 천문학 발전에 토대가 되는 기기라고 할 수 있다.

그러던 중에 장기적 계획과 관심을 쏟을 수 있는 연구과제가 생겼다. 그것은 조선 초기에 사용한 흠경각루라는 천문시계에 대한 것이다. 이 연구는 함선영 선생과 이용삼 교수님의 공동연구로 진행되었다. 흠경각루는 세종시대 과학기술자인 장영실이 1438년 완성하여 임금에게 헌상했던 시계이다. 흠경각루는 산 모형을 만들고 그 위에 천상의 모습으로 꾸미고, 실제 태양의 움직임을 그대로 재현하여 천문시계의 역할을 하고 있다. 국보 제229호인 자격루보다 훨씬 많은 시보인형(시간을 알려주는 인형)들이 등장하고 4신(현무, 주작, 백호, 청룡)들이 나오며, 선녀('옥녀'로 부름)들과 사계절의 산 모형이 어우러지며 드라마틱한 연출이 가미된 조선 최고의 시계라고 할 수 있다.


15세기의 세계적인 천문과학 문화유산

15세기 세계 최고의 과학기술 국가는 바로 조선이었다. 일본에서 간행된 『과학사기술사사전』(伊東俊太郎 등, 1983)에 따르면 세종재위 기간이 포함된 1400년부터 1450년까지 반세기 동안 세계과학의 주요업적 가운데 조선은 29건을 차지했다. 이 당시 중국은 5건, 일본은 1건, 동아시아를 제외한 나머지 지역이 30건이었다. 당시 조선이 세계최고 수준의 과학국가였음을 보여주는 중요한 지표이다. 세종시대에는 무려 20여종의 천문의기가 개발된다. 당시 천문학은 가장 주목받는 과학기술분야였다.

**나도 히딩크처럼 살고 싶다.**

한국사회에서 천문의기 복원연구는 첫걸음을 뗀 어린 아이의 걸음마와도 같다. 한국의 천문의기 복원연구는 1990년대 중반 천상열차분야지도, 간의 등을 필두로 시작되었다. 비록 복원연구의 역사는 짧지만 수많은 연구 성과로 이어 질 수 있는 연구의 바다라고 할 수 있다. 현재 조선 초기의 의기들을 종류별로 살펴보면 70%정도가 작동모델로 복원되어 있다. 나머지 30%는 대규모 복원비용이 투입되는 관측용 '혼천의', 천문시계 '흠경각루', 왕실 천문관측대 격인 '간의대' 등이 있다.

아직도 복원해야 할 천문의기들은 산적해 있다. 조선 중기, 후기의 천문학 관련 유물에 대한 연구와 복원은 매우 시급하다. 천문의기 복원연구는 전통사회의 천문학 수준에 대한 중요한 정보를 제공해 주고 있다. 실질적인 유물을 통해 선조들이 행해 왔던 과학적 태도와 정신을 느껴볼 수 있고, 복원유물의 체험과 교육으로 우리의 과학유산을 자랑스러운 시선으로 바라보게 한다. 무엇보다도 우리의 전통천문학은 장차 미래 천문학자들의 든든한 후원자 역할을 할 수 있다.

필자는 이 분야의 연구자들과 함께 영국 케임브리지대 니덤연구소The Needham Research Institute나 중국 과학원 자연과학사연구소 Institute for the History of Natural Sciences처럼 세계적인 연구 성과를 내는 기관으로 발전시키고자 노력중이다. 아직 복원해야 할 천문유물이 많이 남아 있다. 필자는 15년 내에 10개 이상의 국보급 천문유물을 복원하는 것을 목표로 삼고 있다. 아직 연구할 주제들도 산적해 있다. 한국을 4강으로 이끌었던 히딩크!!, 나는 아직도 배고픈 히딩크처럼 살고 싶다.

# 차례 ||||

머리말    4

프롤로그    8

## Ⅰ. 흠경각, 그리고 자동물시계_ 17

1. 흠경각엔 물시계가 없다?                        17

2. 김돈, 흠경각루의 기문을 남기다.                  20

3. 실록기록에 남겨진 장영실                        26

## Ⅱ. 자연을 닮은 흠경각루_ 39

1. 가산의 풍경                                 39

2. 조선의 하루도 24시간 이었다!!!                 46

3. 4신과 12신                                48

4. 사신과 무사들이 알려주는 시간들                  53

5. 공자의 좌우명으로 삼은 기울어진 그릇              55

6. 태양의 일주운동과 연주운동                      57

## Ⅲ. 흠경각루 내부 모습_ 63

1. 해자와 내부 구조                              63

2. 기륜의 구성                                 65

3. 주전장치와 구슬신호                           69

4. 옥루는 어떤 물시계인가?    73

5. 유럽보다 빠른 탈진장치의 기원: 칭루    75

6. 수차와 천형장치    77

7. 두 가지 모델의 수수상    79

# IV. 11세기 거대한 시계탑: 수운의상대_ 83

1. 소송의 『신의상법요』    83

2. 외형 모습과 내부장치들    86

  1) 수운의상대 외형    86

  2) 혼의와 혼상    87

  3) 주야기륜: 시보장치    88

  4) 추륜과 천주: 동력전달장치    90

  5) 물시계 및 승수상·하륜: 물공급장치    90

3. 『신의상법요』의 혼의·혼상 약사    91

  1) 혼의    92

  2) 혼상    94

4. 천형장치의 작동메커니즘    97

5. 동아시아 각국의 수운의상대 복원 현황    98

# Ⅴ._ 천문유산 그리고 과학산책_ 103

1. 함께 숨 쉬는 우리의 과학문화재                                103

  1) 과학문화재가 복원되기까지                            103

  2) 세종의 과학프로젝트                                 108

  3) 새롭게 태어나는 우리의 과학문화재                     110

2. 340년 만에 복원한 혼천시계                                  111

3. 한국 천문 역사를 한자리에, 천문과학박물관 설립에 대하여          113

4. 조선의 시간과 시계, 그리고 과학문화재                          117

  1) 세종을 위한 천상의 시계                            118

  2) 세종의 천문의기 제작과 시계 제작 프로젝트              118

  3) 일 년의 길이를 측정하라                             120

  4) 17세기 최첨단 천문시계 - 송이영의 혼천시계           121

  5) 조선 후기의 명품 시계 - 강건과 강윤 형제의 휴대용 양부일구      123

5. 조선 후기의 과학문화재 : 전통 과학기술과 서양 과학기술의 융합     124

  1) 서양 과학의 수용 - 구형의 地를 생각하다              124

  2) 조선의 명품시계 - 강건과 강윤의 휴대용 해시계          126

  3) 서양식 지평 해시계 - 신법지평일구                    128

6. 흠경각루의 복원연구 성과와 현황                               129


부록           133

참고문헌         136

찾아보기         138

# I

# 흠경각, 그리고 자동물시계

## 1. 흠경각엔 물시계가 없다?

얼마 전에 방송된 대하드라마에서 옥루라는 물시계가 화제가 되었다. 이 물시계는 1438년 임금을 위해 장영실이 제작한 것이다. 흠경각안에 설치되었는데, 조선왕조실록에서는 이것을 '흠경각루欽敬閣漏'로 불렀다. 오늘날 흠경각에는 텅 빈 채로 아무것도 놓여 있지 않았다. 그 흔한 물시계 그림이라도 붙여 놓았으면 좋았을 텐데….

흠경각은 실제로 여러 번 화재가 났었다. 1438년(세종 20)에 흠경각이 건축된 이후로 1533년(명종 8)에 경복궁에 화재가 나면서 흠경각도 불탔다. 바로 다음해에 흠경각이 건설되었으나 1592년(선조 25)에 임진왜란이 발생하여 다시 소실되었다.[1]

---

1)  흠경각의 최초 건설시기를 『궁궐지』와 『연려실기술』에서는 1434년(갑인년)인 보루각

그림 1-1. 복원한 경복궁의 흠경각 (장소: 경복궁)

흠경각의 복원은 1613년(광해군 5)에 이르러 시작되었다. 당시 법궁은 창덕궁·창경궁이었다. 따라서 흠경각은 창덕궁의 서린문 안에서 지어졌다. 전쟁이후의 국가재정이 여의치 않아 사간원과 사헌부에서 총 3차례에 걸쳐 공사 중지 요청을 했음에도 멈추지 않고 1년여의 기간을 걸쳐 흠경각은 완성되었다. 완성 이후 몇 차례 물시계의 교정기록(1616년과 1617년)이 언급된 점으로 보아 흠경각 안에 물시계가 제작되고 운영되어 왔음을 알 수 있다.

이후 흠경각과 흠경각루에 관한 기록이 전혀 나오지 않다가 1655년 효종이 대비를 봉양하기 위해 흠경각 터에 만수전을 짓는 내용이 나온다(김동현, 2002).[2] 1770년(영조 46)에는 석각천문도를 보관하기 위

---

의 건립시기와 함께 보고 있다. 하지만, 『세종실록』에는 1437년도에 흠경각 제작과 관련된 최초기록이 나오고, 1438년에 흠경각루 완성을 맞이하여 김돈의 〈흠경각기〉가 작성되었던 정황으로 보아 흠경각의 제작시기를 1437년~1438년으로 보는 것이 타당할 것으로 보인다.

2) 김동현(2002)은 「창덕궁만수전수리도감」 의궤를 살펴, 1656년(효종 7) 8월 4일 창덕궁 만수

해 흠경각을 지었다. 영조
대의 흠경각은 더 이상 물
시계를 보존하는 전각은
아니었다. 아마도 흠경각
루의 운영은 1655년 이후
에 완전히 중단된 것으로
생각된다. 흠경각루는 몇
차례의 운영 중단을 겪었
지만 180여 년 간 사용한
것임을 알 수 있다.

그림 1-2는 소더비 한국
미술경매전(미국뉴욕, 1997년
3월18일)을 통해 알려진 〈경
복궁도景福宮圖〉이다 (이강

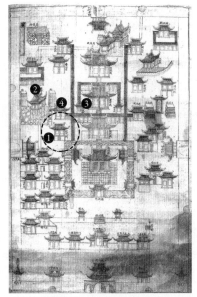

그림 1-2. 〈경복궁도〉의 흠경각 형태와 위치 (이강근, 1998)
1: 흠경각, 2: 경회루, 3: 강녕전, 4: 천추전

근, 1998). 이 그림에서 묘사된 흠경각은 주변의 전각과 다르게 지면보
다 높게 지어진 누각樓閣의 형태를 띠고 있다. 또한 흠경각은 경회루
慶會樓와 강녕전康寧殿 사이에 위치하고 있으며, 주변에 천추전千秋殿
과 함께 있는 모습을 확인할 수 있다.

흠경각루의 전통은 최유지崔攸之(1603~1673)의 혼천시계로 이어졌
다. 1657년(효종 8) 최유지는 수격식水激式 혼천시계를 제작하였고,
이 혼천시계는 누국漏局(물시계 담당 부서)에서 사용되었다.[3] 하지만

---

전 수리도감이 설치되었고, 같은 해 8월 11에 흠경각을 철훼하였다고 밝혔다.
3) 『증보문헌비고』「상위고」권3.

1664년(현종 5)에 개조할 곳이 생겨 이민철李敏哲(1631~1715)과 송이영宋以穎(1619~1692)[4]이 새로 제작하였다. 여전히 개량할 부분이 남아 있어 1669년(현종 10)년에 이르러 이민철과 송이영은 각각 새로운 혼천시계를 만들었다.[5] 이민철은 세종시대 전통을 계승하고 발전시켜 온 방식으로 혼천시계를 제작하였고, 송이영은 서양식 자명종 원리를 이용한 추동식錘動式의 새로운 혼천시계로 발전시켰다.

## 2. 김돈, 흠경각루의 기문을 남기다.

세종의 총애를 한 몸에 받은 김돈金墩(1385~1440)은 천문의기 제작 사업과 관련한 여러 기문을 작성했다. 대표적으로 〈간의대기簡儀臺記〉, 〈보루각기報漏閣記〉, 〈흠경각기欽敬閣記〉 등이 있다. 세종이 왕위에 오르기 전에 김돈에 대한 명성을 듣고 그를 불렀으나 사양했다. 세종은 급제한 김돈을 불러 "내가 경을 보자고 했으나 경이 나를 피하더니 이제는 나의 신하가 되었구나!"라고 기뻐했다.[6]

김돈은 본관이 안동安東이고, 첨의중찬僉議中贊(고려 후기 첨의부의 종1품 관직) 김방경金方慶의 후손으로 조부는 참의 김후金厚이고, 아버지는 김칠양金七陽이다. 그는 1417년(태종 17) 생원으로 식년 문과에 병과로 급제하고, 직제학과 승지를 거쳐 참판, 좌승지, 인순부윤에 까지 이르렀다.

---

4) 『연안송씨세보』에 따르면 송이영의 생몰년을 1619~1692년으로 밝히고 있다. 『서운관지』의 기록에는 1687년 이전에 죽은 것으로 기록하고 있어 다소 차이가 있다.

5) 『현종개수실록』 권21, 1669년(현종 10) 10월 14일(갑술). 『증보문헌비고』 「상위고」 권3.

6) 『연려실기술』 권3, 세종조(世宗朝), 고사본말(故事本末).

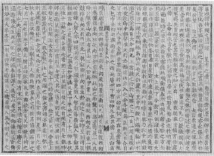

그림 1-3. 『세종실록』의 〈흠경각기〉

『세종실록』에는 흠경각루에 대해 소개한 김돈의 〈간의대기〉에
따르면, 천추전千秋殿 서쪽에 작은 집을 짓고 이름을 흠경각欽敬閣이
라고 했다. 종이로 7자 정도의 인공적인 산 모양을 만들고, 그 안에
기륜機輪을 만들었다고 했다. 기륜은 옥루玉漏의 물을 이용하여 수
차를 돌리도록 하고, 오색구름은 해가 드나드는 곳을 장식하도록 했
다. 옥녀玉女는 때에 따라 방울을 흔들며, 사신司辰(시간을 관장하는 사
신)과 무사武士(3명의 무사; 종을 치는 무사, 북을 치는 무사, 징을 치는 무사)는
스스로 서로 돌아보는 움직임을 설명했다. 또한 4신의 회전과 12신
의 엎드려 있거나 일어서는 작동을 설명하고 있다. 산의 4면에는 빈
풍豳風 사계절의 경치를 보이며 백성의 생활이 어려움을 살피게 하
였고, 기기敧器(기울어진 그릇)를 통해 천도의 영허盈虛(차는 일과 이그러
지는 일)하는 이치를 살피게 하였다.

　김돈의 졸기에 의하면,[7] 김돈은 경학經學(유교 경서의 뜻을 해석하거
나 천술闡述하는 학문, 경서에 관한 학문 작업의 전부를 포함하는 학문 분야)에

7) 『세종실록』권90, 1440년(세종 22) 9월 16일(을묘).

밝았으며, 오래도록 임금 가까이에 있으면서 의견을 진술하여 아뢴 것이 자세하고 밝았다고 한다. 또한 김돈이 죽었을 때, 임금이 죽음을 슬퍼하여 부의賻儀(상가집에 부조로 보내는 돈이나 물품)와 증여贈與(재산을 무상으로 줌)함이 보통보다 더하였다고 전하고 있다.

『세종실록』의 1437년(세종 19) 4월 15일(갑술) 기록에 따르면, 김돈의 천문의기 제작관련 기문에 대한 정보를 더 얻을 수 있다. 김돈은 일성정시의日星定時儀(낮과 밤에 태양이나 별로 시간을 알 수 있는 천문시계)의 서序와 명銘을 지었다. 또한 당시의 천문관측대인 간의대의 기문을 짓기도 했다. 1438년(세종 20) 1월 7일(임진) 김돈이 지은 〈흠경각기〉내용은 다음과 같다.

풀栅먹인 종이로 일곱 자 높이의 산을 만들어 집 가운데에 설치하고, 그 산 안에다 옥루玉漏와 기륜機輪을 설치하여 물로써 쳐올리도록 하였다. 금으로 해를 만들었는데 그 크기는 탄자만 하고, 오색구름이 둘러서 산 허리 위를 지나도록 되었는데, 하루에 한 번씩 돌아서 낮에는 산 밖에 나타나고 밤에는 산 속에 들어가며, 비스듬한 형세가 천행에 준하였고, 극의 멀고 가까운 거리와 뜨고 지는 분수가 각각 절기를 따라서 하늘의 해와 더불어 합치하도록 되어 있다. 해 밑에는 옥녀玉女 넷이 손에 금탁金鐸을 잡고 구름을 타고 사방에 서서, 인·묘·진시 초정에는 동쪽에 있는 옥녀가 금탁을 울리고, 사·오·미시 초정에는 남쪽에 있는 옥녀가 금탁을 울리며, 서쪽과 북쪽도 모두 그렇게 한다. 밑에는 네 가지 귀형鬼形을 만들어서 각각 그 곁에 세웠는데 모두 산으로 향하여 섰으며, 인시가 되면 청룡신靑龍神이 북쪽으로 향하고, 묘시에는 동쪽으로 향하며, 진시에는 남쪽으로 향하고, 사시에는 돌아서 다시 서쪽으로 향하는 동시에 주작신朱雀神이 다시 동쪽으로 향하는데, 차례로 방위를 향하는 것은 청룡이 하는 것과 같으며, 딴 것도 모두 이와 같다.

산 남쪽 기슭에는 높은 축대樂臺가 있어, 시간을 맡은 인형 하나가 붉은 비단옷 차림으로 산을 등지고 섰으며, 인형 무사 셋은 모두 갑옷 차림인데 하나는 종과 방망이를 잡고서 서쪽을 향해서 동쪽에 섰고, 하나는 북鼓과 북채를 잡고 동쪽을 향해 서쪽에서 약간 북쪽으로 가까운 곳에 섰고, 하나는 징鉦과 징채를 잡고 동쪽을 향해서 서쪽에서 약간 남쪽으로 가까운 곳에 서 있어서, 매양 시간이 되면 시간을 맡은 인형이 종 치는 인형을 돌아보고, 종 치는 인형도 또한 시간을 맡은 인형을 돌아보면서 종을 치게 되며, 매경每更마다 북과 북채를 잡은 인형이 북을 치고, 매점마다 징과 징채를 잡은 인형은 징을 치는데, 서로 돌아보는 것은 종 치는 인형과 같으며, 경·점마다 북 치고 징 치는 수효는 모두 보통 시행하는 법과 같다.

또 산 밑 평지에는 열두 방위를 맡은 신들이 각각 제자리에 엎드려 있고, 12신 뒤에는 각각 구멍이 있어 상시에는 닫혀 있다가 자시子時가 되면 쥐 모양으로 만든 신 뒤에 구멍이 저절로 열리면서 인형 옥녀玉女가 자시패를 가지고 나오며, 쥐 모양으로 만든 신은 그 앞에 일어선다. 자시가 다 가면 옥녀는 되돌아서 구멍에 들어가는 동시에 구멍이 저절로 닫혀지고 쥐 모양의 신도 제 위치에 도로 엎드린다. 축시가 되면 소 모양으로 만든 신 뒤의 구멍이 저절로 열리면서 옥녀가 또한 나오며, 소 모양의 신도 일어나게 되는데, 열두 시간이 모두 이렇게 되어 있다. 오방위午方位 앞에는 또 축대가 있고 축대 위에는 기울어진 그릇을 놓았고 그릇 북쪽에는 관원이 있어, 금병金甁을 가지고 물을 따르는 형상인데 누수된 남은 물을 이용하여 끊임없이 흐르며, 그릇이 비면 기울고 반쯤 차면 반듯해지며, 가득 차면 엎어져서 모두 옛말과 같이 되어 있다. 또 산 동쪽에는 봄 3개월 경치를 만들었고, 남쪽에는 여름 경치를 꾸몄으며, 가을과 겨울 경치도 또한 만들어져 있다. 『시경詩經』〈빈풍도豳風圖〉에 의하여 인물·조수·초목 여러 가지 형용을 나무를 깎아 만들고, 절후에 맞추어 벌려 놓았는데 칠월 한 편의 일이 갖추어지지 않은 것이 없다. 집 이름을 흠경이라 한 것은 『서경』「요전堯典」편에 '공경함을 하늘과 같이 하여, 백성에게 절후를 알려 준다〔欽若昊天, 敬授人時〕'는 데에서 따온 것이다.

대체로 헤아려 보건대, 당·우 시대로부터 측후測候하는 기구는 그 시대마다 각자 제도가 있었으나, 당·송 이후로 그 법이 점점 갖추어져서 당나라의 황도유의黃道遊儀·수운혼천水運渾天과 송나라의 부루표영浮漏表影·혼천의상渾天儀象과 원나라의 앙의仰儀·간의簡儀 같은 것은 모두 정묘하다고 일렀다. 그러나 대개는 한 가지씩으로 되었을 뿐이고 겸해서 상고하지는 못했으며, 운용하는 방법도 사람의 손을 빌린 것이 많았는데 지금 이 흠경각에는 하늘과 태양의 도수를 관측하는 기구, 시각을 알리는 해시계·물시계와 더불어 저 사신四神·십이신十二神·고인鼓人·종인鍾人·사신司辰·옥녀玉女 등 여러 가지 기구를 차례대로 다 만들어서, 사람의 힘을 빌리지 않고도 저절로 치고 저절로 운행하는 것이 마치 귀신이 시키는 듯하여 보는 사람마다 놀라고 이상하게 여겨서 그 연유를 측량하지 못하며, 위로는 하늘 돗수와 털끝만큼도 어긋남이 없으니 이를 만들은 계교가 참으로 기묘하다 하겠다. 또 누수의 남은 물을 이용하여 기울어지는 그릇을 만들어서 하늘 돗수의 차고 비는 이치를 보며, 산 사방에 빈풍도豳風圖를 벌려 놓아서 백성들의 농사하는 어려움을 볼 수 있게 하였으니, 이것은 또 앞 세대에는 없었던 아름다운 뜻이다. 임금께서 여기에 항상 접촉하고 생각을 깨우쳐서, 밤낮으로 근심하는 뜻을 곁들였으니, 어찌 다만 성탕成湯의 목욕반沐浴盤과 무왕의 호유명戶牖銘과 같을 뿐이리오. 그 하늘을 본받고 때를 좇음에 흠경하는 뜻이 지극하며 백성을 사랑하고 농사를 중하게 여기시니, 어질고 후한 덕이 마땅히 주나라와 같이 아름답게 되어 무궁토록 전해질 것이다. 흠경각이 완성되자 신에게 명하시어 그 사실을 기록하게 하심으로 삼가 그 줄거리를 적어서 절하고 머리를 조아리며 바치나이다.

흠경각루에서는 드라마틱한 연출이 펼쳐진다. 당시 동아시아의 그 어떠한 국가에도 자연을 대상으로 이처럼 화려한 시계를 만들어

그림 1-4. 흠경각루의 3D 모델링 (김상혁, 2012)

내지는 못했다. 김돈이 지은 〈흠경각기〉는 가산 위에 펼쳐진 모든 시보인형들의 움직임을 담아내고 있다. 이것은 장영실의 창작이었다. 그리고 새로운 도전이었다. 장영실은 오늘날의 창의적이고 융합적인 인재상과 많이 닮아 있다.

## 3. 실록기록에 남겨진 장영실

흠경각루의 제작자는 장영실이다. 장영실의 실제 임무와 역할을 알 수 있는 귀중한 자료들이 『세종실록』과 『중종실록』에 기록되어 있다. 기록에 의하면 장영실은 군사적 업무를 담당하는 사직司直의 일을 맡고 있었다. 또한 채굴의 업무를 수행했고, 주자소의 활자 개량업무를 수행했다. 장영실은 호군護軍이 되어 천재적인 능력을 발휘하여 자동물시계를 제작했으며, 악기의 제작에서도 뛰어난 재능을 지녔던 것으로 소개하고 있다.

『세종실록』에 따르면, 장영실은 1425년(세종 7) 4월 18일(정사)에 처음 등장한다. 임금의 명에 의해 평안도 감사는 사직司直 장영실이 말하는 대로 대·중·소 석등잔(돌로 만든 등잔) 30개를 준비하도록 했다. 당시 장영실은 사직의 신분이었다. 사직은 조선시대 정5품에 해당하는 관직이었고, 군사적으로 중요한 역할을 담당하였다.

(1) 傳旨平安道監司 "石燈盞大中小幷三十, 聽今去司直蔣英實言預備."

두 번째 등장하는 기사는 이간李偘의 뇌물을 받은 대사성 황현黃鉉(1372~?), 양주부사 이승직李繩直, 한을기韓乙奇, 황득수黃得粹, 구중덕丘仲德, 조맹발趙孟發, 기석손奇碩孫 등 여러 인물이 거론될 때 장영실도 함께 나온다(『세종실록』, 1425년 5월 8일). 하지만 죄가 크지 않아 태笞 20대에 해당되는 가벼운 벌을 받았다. 이중에서 황득수와 조맹발은 공신의 후손이라서 면죄부를 받았다.

(2) 司憲府啓 "受李偘贈遺人內, 先推考大司成黃鉉, 楊州府使李繩直, 韓乙奇, 黃得粹, 蔣英實, 丘仲德, 趙孟發, 奇碩孫等照律, 坐贓致罪一貫以下笞二十." 命依所啓, 得粹, 孟發, 功臣之後, 勿論.

세 번째 등장하는 기사는 의금부에서 이징李澄과 이군실李君實 등의 처벌을 건의하면서 장영실이 등장한다(『세종실록』 1430년 4월 27일). 이 사건의 발단은 이징과 이군실이 사냥을 하다가 요동도사遼東都司와 문제가 생겼다. 이때 이징은 명나라 사람을 때리는 일까지 생긴다. 의금부에서는 이징에게 그 죄를 물어 형장 100대에 처하고, 이군실과 종사관從事官들은 형장 90대의 벌을 내린다. 하지만 장영실을 포함한 대부분은 2등을 감하여 직첩職牒(조정에서 내리는 관직의 임명장)은 보존되었고, 장영실과 장현張玄은 속전贖錢(벌금)을 내야했다.

(3) 義禁府啓 "李澄, 李君實於東關路上, 各率從者, 馳站馬田獵, 見辱遼東都司, 澄又到各站, 手毆唐人. 請分首從, 杖澄一百, 君實及從事官仇敬夫, 朴世達, 蔣英實, 辛裒, 洪老, 李得春, 李軺, 張玄, 曹日新等九十. 張厚以檢察官, 不禁畋獵, 永樂

二十一年十一月二十一日司憲府受敎 '一行有犯, 匿不以聞,
檢察官, 以制書有違律論.' 請杖厚一百."命澄, 君實付處外方,
厚, 敬夫竝收職牒, 決杖付處外方, 世達, 英實, 黍, 老, 得春, 韶,
玄, 日新等, 各減二等, 勿收職牒, 英實, 玄收贖.

네 번째 등장하는 기사는 벽동군碧潼郡 사람 강경순姜敬純이 청옥
을 진상하니 장영실에게 채굴하게 한다는 내용이다(『세종실록』, 1432
년 1월 4일). 벽동군은 오늘날 평안북도 중북부에 위치한 군이다. 이
곳 출신인 강경순은 청옥靑玉을 구해 진상하였고, 장영실로 하여금
채굴採掘(땅을 파고 땅속에 묻혀 있는 광물 등을 캐내는 행위)하게 하고, 다
른 사람들이 채취하는 것을 금지 하였다.

(4) 碧潼郡人姜敬純得靑玉以進, 遣司直蔣英 實採之, 命禁人
採取.

다섯 번째 등장하는 기사는 안숭선安崇善(1392~1452)에게 명하여
장영실에게 호군의 관직을 더해 줄 것을 의논하게 하는 내용이다(『세
종실록』 1433년 9월 16일). 여기서는 장영실의 아버지가 원元의 소주蘇
州·항주杭州 사람이고, 어머니는 기생이었다는 기록이 나온다. 장영
실의 공교한 솜씨가 보통 사람보다 뛰어나 태종이 권지護之(막아주고
지켜주는 것)했다고 한다. 또한 세종도 장영실을 아낀다고 하였다.
세종은 이 보다 앞서 장영실을 상의원尙衣院(임금의 의복과 궁궐내
의 일용품, 보물 등의 관리를 맡는 관청) 별좌別坐(5품의 관직)를 시키고자 했
다(1422년~1423년 무렵). 당시 이조판서 허조許稠(1369~1439)와 병조판

서 조말생趙末生(1370~1447)에게 이 내용에 대하여 물었을 때, 허조는 기생의 소생을 상의원에 임용할 수 없다고 했고, 조말생은 상의원에 적합한 인물로 천거했다. 유정현柳廷顯(1355~1426) 등이 상의원 임명에 힘을 실어주어 마침내 세종의 의지를 관철시켰다.

세종의 장영실에 대한 배려는 여기에 그치지 않는다. 장영실의 사람됨이 공교한 솜씨만 있는 것이 아니라 성질이 똑똑하기가 보통 사람보다 뛰어났다고 했다. 따라서 장영실이 아니었다면 자격궁루自擊宮漏는 만들어 내지 못했을 것으로 기술하고 있다. 또한 원의 순제順帝(1320~1370)때 만들어진 물시계보다 뛰어났음을 밝히고 있다. 세종은 자격루의 제작에 대한 공이 크므로 호군護軍(조선시대 오위 소속의 정4품의 무관직)의 관직을 더해주고자 했다. 황희黃喜(1363~1452)는 김인金忍이라는 인물을 소개하면서, 평양의 관노인 김인을 태종이 호군으로 특별히 제수한 사실을 들어 장영실도 호군으로 삼는 것에 대하여 찬성했다. 세종의 뜻대로 장영실은 상의원에서 10여 년간 일하다가 1433년 호군으로 임명되었다.

(5) 命安崇善, 議于領議政黃喜, 左議政孟思誠曰 "行司直蔣英實, 其父本大元 蘇杭州人, 母妓也. 巧性過人, 太宗護之, 予亦恤之. 壬寅癸卯年間, 欲差尙衣院別坐, 議于吏曹判書許稠, 兵曹判書趙末生, 稠曰 '妓産不宜任使於尙衣院.' 末生曰 '如此之輩, 尤宜於尙衣院.' 二論不一, 予不敢爲. 其後更議大臣, 柳廷顯等曰 '可任尙衣院.' 予從之, 卽差別坐. 英實爲人, 非徒有巧性, 穎悟絶倫, 每當講武, 近侍予側, 代內竪傳命. 然豈以是爲功乎. 今造自擊宮漏, 雖承予敎, 若非此人, 必未製造. 予聞元 順

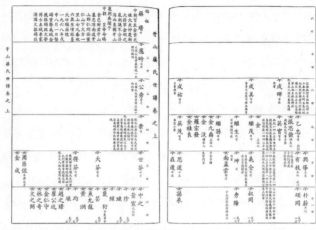

그림 1-5. 장영실 가문의 〈아산장씨세보〉 (남문현, 2002)

帝時, 有自擊宮漏, 然制度精巧, 疑不及英實之精也. 能製萬世
相傳之器, 其功不細, 欲加護軍之職." 喜等曰 "金忍, 平壤官奴,
驍勇過人, 太宗特除護軍. 不(持)〔特〕 此也, 如此之輩, 受護軍
以上之職者頗多, 獨於英實, 何不可之有." 上從之.

　여섯 번째 등장하는 기사는 새로 만든 누기의 구조와 원리, 보관
장소와 누기명의 내용을 기술한 것이다(『세종실록』, 1434년 7월 1일). 이
부분이 자격루의 규모, 작동구조와 메커니즘을 상세하게 풀어놓은
〈보루각기報漏閣記〉가 기술된 부분이다. 〈보루각기〉에는 호군 장영
실에게 명하여 자격루를 만들도록 했다는 내용과 장영실이 동래현
관노官奴인데, 성품이 정교精巧하여 항상 궐내의 공장工匠(수공업적 수
요를 위한 전업적 생산을 담당)일을 맡아온 사실들이 기술되어 있다.

(6) 上又慮報時者未免差謬, 命護軍蔣英實, 制司辰木人, 隨時
自報, 不假人力. 其制, 先建閣三楹. …… 命護軍臣蔣英實, 作
司辰木人三神十二神, 以代雜人之職. …… 英實, 東萊縣官奴
也. 性精巧, 常掌闕內工匠之事.

일곱 번째 등장하는 기사는 지중추원사知中樞院事(조선 초기 궁궐
을 수비하며 군사 기밀을 전달하는 업무 등을 하는 중추원 종2품 관직) 이천李
蕆(1376~1451)에게 주자를 만들어 책을 인쇄하도록 한 내용에서 나온
다(『세종실록』, 1434년 7월 2일). 세종은 이천을 불러 태종때의 주자소鑄
字所(활자의 주조를 관장하던 관서) 설치를 언급하면서 초기에 정밀하지
못한 상황을 얘기한다. 세종은 다시금 이천을 책임자로 맡겨 주자
소의 감독을 맡도록 한다. 이때 집현전 직제학 김돈金墩(1385~1440),
직전直殿(집현전의 정4품 관직) 김빈金鑌, 호군 장영실, 첨지사역원사僉

그림 1-6. 복원한 보루각루 (장소: 국립고궁박물관)

知司譯院事 이세형李世衡(?~1442), 사인舍人(의정부 정4품 관직) 정척鄭陟 (1390~1475), 주부 이순지李純之(1406~1465) 등에게 일을 주관하도록 했다. 결과적으로 전에 비하여 좋은 인쇄 품질을 이루었고, 두 배의 인쇄 성과가 있었다.

(7) 乃命藏監其事, 集賢殿直提學金墩, 直殿金鑌, 護軍蔣英實, 僉知司譯院事李世衡, 舍人鄭陟, 注簿李純之等掌之. 出經筵所藏 孝順事實, 爲善陰騭, 論語 等書爲字本, 其所不足, 命晋陽大君 瑈書之, 鑄至二十有餘萬字, 一日所印, 可至四十餘紙. 字體之明正, 功課之易就, 比舊爲倍.

여덟 번째 등장하는 기사는 중국의 지원리池源里와 김새金璽 등 7인을 요동으로 풀어 보내는 내용에서 나온다(『세종실록』, 1437년 7월 6일). 이중에서 김새에 대한 기록이 중심으로 거론된다. 김새는 스스로가 "금은金銀을 제련하여 주홍朱紅(붉은 빛깔이 나는 안료)의 가벼운 가루로 하엽록荷葉綠(단청의 원료인 오채의 하나로 녹색 염료)을 만들 수 있다"고 하였다. 세종은 김새가 금은을 다루는 제련기술이 뛰어나므로 장영실로 하여금 이 기술을 전습하도록 했다. 그런데, 김새는 "돌맹이로 금은을 말들 수 있다"는 주장을 폈다. 물론 이러한 일은 이룰 수 없었다. 다만, 가벼운 가루로 하엽록 만드는 것을 배웠을 뿐이다. 주홍은 역시 전습하지 못했다.

(8) 差通事金玉振, 解送唐人 池源里及金璽等七人于遼東. 初, 璽被虜於野人, 久居北方, 至是逃來. 璽性巧百工之事, 自言 "吹

그림 1-7. 복원한 간의 (장소: 한국천문연구원) 장영실은 이천, 이순지 등과 이러한 청동제 천문의기 제작에도 관여했을 가능성이 크다. 이순지는 청동 간의를 제작하기 전에 목간의로 한양의 북극고도를 측정했다.

錬金銀, 做朱紅輕粉荷葉綠等物." 上命蔣英實, 傳其術, 璽言 "以石吹錬成金銀." 乃依其言, 旁求石以示之, 則曰 "皆非眞 石." 竟不得傳焉, 但學做輕粉荷葉綠而已, 朱紅亦不傳習.

아홉 번째 등장하는 기사는 흠경각이 완성되어 김돈에게 기문을 짓게 하는 대목에서 나온다(『세종실록』, 1438년 1월 7일). 1438년 대호군 장영실이 흠경각을 완성한다. 흠경각은 세종이 거처한 강녕전 옆에 위치하고 있어 수시로 드나들면서 정치적 구상하거나 시간을 알아보기 위해 찾는 공간이었다. 세종은 우승지인 김돈에서 명하여 흠경각의 기문을 짓도록 했다. 〈흠경각기〉에는 흠경각루의 외형모습, 작동구현 등의 내용이 상세히 기술되어 있다.

(9) 欽敬閣成. 大護軍蔣英實經營之, 其規模制度之妙, 皆出睿
裁, 閣在景福宮燕寢之傍. 上命右承旨金墩, 作記曰

열 번째 등장하는 기사는 경상도 채방별감採訪別監(중앙에서 파견된
임시 관직) 장영실이 동철과 연철 등을 바치는 내용에서 나온다(『세종
실록』, 1438년 9월 15일). 장영실은 창원昌原, 울산蔚山, 영해寧海, 청송靑
松, 의성義城 등 각 읍에서 생산된 동철銅鐵과 안강현安康縣에서 산출
된 연철鉛鐵 등을 바쳤다.

(10) 慶尙道採訪別監蔣英實進 昌原, 蔚山, 寧海, 靑松, 義城
等各官所産銅鐵及安康縣所産鉛鐵.

열한 번째 등장하는 기사는 장영실이 만든 안여安輿(임금이 타는 수
레)가 견실하지 못해 국문하는 내용에서 나온다(『세종실록』, 1442년 3월
16일). 대호군 장영실이 안여 제작에 감조監造(제작 감독)하였다. 그런
데, 이 안여가 견실하지 못하여 부러지고 허물어지게 된다. 장영실
은 이 일로 의금부로 보내져 국문을 당한다.

(11) 大護軍蔣英實監造安輿, 不堅緻折毀, 下義禁府鞫之.

열두 번째 등장하는 기사는 사헌부에서 박강朴薑, 이순로李順老,
이하李夏를 징계하는 대목에서 나온다(『세종실록』, 1442년 4월 25일). 세
종은 이천伊川의 행궁 책임을 맡은 박강, 이순로, 이하의 불경죄를
징계 내리는 사헌부의 상소를 받고 잠시 판정을 보류한다. 세종은

승정원으로 하여금 장영실에 대하여 탄핵과 관련한 논의가 끝나기를 기다려 사헌부 상소를 재논의 하도록 지시했다. 탄핵의 사유는 앞서 기사에 언급된 안여의 감조와 연계되어 있는 것으로 생각된다.

(12) 司憲府上疏曰 人臣之罪, 莫大於不敬, 事涉不敬, 則雖小無赦, 況其大者乎 朴薑,李順老,李夏 等相繼承命, 監造伊川行宮, 而蓋覆粧構, 多不堅緻, 破碎屋瓦, 不卽撤改, 因而下釘, 折毀長牙; 用泥附接, 至使殿內鞍工簷瓦墜在不意. …… 上曰 "予將更思之." 仍謂承政院曰 "憲府之疏, 待畢劾蔣英實, 更議處之."

열세 번째 등장하는 기사는 안여 감독의 책임을 물어 장영실, 임효돈任孝敦, 최효남崔孝男에게 처벌하는 내용에서 나온다(『세종실록』, 1442년 4월 27일). 의금부에서는 대호군 장영실이 제작 감독한 안여 제작과 관련하여 곤장 100대를 판결한다. 선공직장繕工直長 임효돈과 녹사錄事(관서에 설치된 하위 관직) 최효남도 장식으로 쓰인 쇠가 견고하게 하지 않은 죄를 물어 곤장 80대를 판결받았다. 조순생趙順生은 안여가 부러지거나 부서지지 않을 것이라고 했기에 역시 곤장 80대를 판결받았다. 하지만 세종은 장영실에게는 2등을 감형하고, 임효돈과 최효남에게는 1등을 감형하며, 조순생에게는 처벌하지 않도록 명령했다.

(13) 義禁府啓 "大護軍蔣英實監造安輿, 不謹愼牢固, 以至折毀, 律當杖一百. 繕工直長任孝敦, 錄事崔孝男監造安輿, 粧鐵亦不

堅緻. 大護軍趙順生見安興不堅牢處, 謂英實曰 '必不折毀,' 皆
律當杖八十." 上命減英實二等, 減孝敦, 孝男一等, 順生不之罪.

열네 번째 등장하는 기사는 안여와 관련하여 장영실 등을 불경죄
로 다스린다는 내용이 나온다(『세종실록』, 1442년 5월 3일). 세종은 박강,
이순로, 이하, 장영실, 임효돈, 최효남의 죄에 대하여 황희와 의논한
다. 이때 여러 사람들의 의견을 받아 들여 불경에 대한 죄를 물어 직
첩을 회수하고 곤장을 집행하게 한다. 이 기사내용을 끝으로 장영실
의 생전 기록은 더 이상 나오지 않는다.

(14) 上以朴薑, 李順老, 李夏, 蔣英實, 任孝敦, 崔孝男之罪, 議于
黃喜, 僉曰 "此人等, 罪關不敬, 當收職牒決杖, 以懲其餘." 從之.

열다섯 번째 등장하는 기사는 장영실이 악률 제작에서 정교했음
이 나온다(『중종실록』, 1519년 2월 2일). 특진관特進官(경연에 참시하여 왕의
고문에 응하던 관직) 이장곤李長坤(1474~1519)은 우리나라의 악에 대하여
논하면서, 세종대 박연朴堧(1378~1458)이 악률에 정하였으며 장공 장
영실도 제작하는 것이 극히 정교했다고 밝히고 있다. 이때에는 이미
장영실이 세상을 떠난 후이다.

(15) 特進官李長坤曰 …… 至世宗朝, 有朴堧者, 精於樂律, 匠
工亦有蔣榮實者, 制作極其精致.

열여섯 번째 등장하는 기사는 박연과 장영실의 악기 제작에 신

묘했음이 나온다(『중종실록』, 1519년 7월7일). 우찬성 이장곤은 세종은 하늘이 낸 예성睿聖이었고, 신하 박연과 악사 장영실이 때에 맞추어 났었기 때문에 성음聲音(소리의 높음과 낮음)을 제작함에 신묘하여 조금도 틀리지 않았음을 밝히고 있다.

(16) 右贊成李長坤曰 …… 嘗聞世宗睿聖天出, 又有臣朴堧及
樂師蔣英實, 應時而出, 故其制作聲音, 神妙莫測, 聞音而改之,
見器而正之, 分毫不差, 其妙如是.

이상은 『세종실록』과 『중종실록』에 나오는 흠경각루 제작자인 장영실에 대한 기록의 전부이다. 장영실은 광산의 채굴업무, 활자의 주조업무, 천문의기의 제작업무, 그중에서도 기계장치의 자동화 및 제어장치 개발에 탁월한 부각을 나타낸 것으로 나온다. 오늘날 과학과 기술을 넘나드는 융합적 자세와 과학적 열의는 세종대의 위대한 발명품인 보루각루와 흠경각루를 가능하게 했다.

이긍익李肯翊(1736~1806)의 『연려실기술燃藜室記述』에 따르면[8], 1421년(세종 3)에 세종은 윤사웅尹士雄, 최천구崔天衢, 장영실에게 선기옥형 제도에 대하여 논한다. 이때 임금은 "영실은 비록 지위가 천하나 재주가 민첩한 것은 따를 자가 없다. 중국에 가서 각종 천문기계의 모양을 모두 눈에 익혀 와서 빨리 모방하여 만들라"고 했다. 이후 1422년(세종 4)에 윤사웅 등이 중국에서 돌아오면서 천문에 대한 여러 가지 서책을 사오고, 양각兩閣의 제도를 알아 왔으므로, 양

---

8) 『연려실기술』 별집 권15, 「천문전고」 〈첨성〉편.

그림 1-8. 장영실 가묘(왼쪽)와 추모비(오른쪽) 충남 아산시 인주면 문방리 소재

각혼의성상도감兩閣渾儀成象都監을 설치하여 윤사웅으로 하여금 감
조監造하게 했다.

　그런데, 양각의 제도(1422년)와 관련하여 보루각루(1434년)와 흠경
각루(1438년)를 지칭한 것이라면, 시기적으로 맞지 않는다. 다만, 양
각이 중국의 다른 천문의기 제도를 지칭했을 여지는 남아 있다. 어
찌 되었건 『연려실기술』의 장영실 등장 기록(1421년)은 『세종실록』
보다 4년이나 앞선다. 『세종실록』과 『연려실기술』을 동일한 가치로
따져볼 수는 없지만, 『세종실록』 기록 이전의 장영실의 활약을 가늠
해 볼 수 있는 사료적 가치를 지닌다고 볼 수 있다.

# II

# 자연을 닮은 흠경각루

## 1. 가산의 풍경

장영실이 만든 세상, 그곳은 신선들이 노니는 드라마틱한 연출의 공간이다. 약 7자 높이의 가산은 한마디로 인공적인 장식으로 꾸며진 산을 말한다. 산에는 나무와 풀이 심어져 있고, 짐승들과 새들이 노닐고 있다. 어디 그뿐인가? 계곡 사이로 폭포가 흐르고, 평지에는 봄, 여름, 가을, 겨울의 일 년 동안에 벌어지는 풍경이 펼쳐져 있다.

김돈의 〈흠경각기〉에 따르면, 산 위에는 금장식을 한 태양이 계절에 따라 높이가 변하여 운행한다고 기술하였다. 높이가 변한다는 것은 실제 하늘에서 벌어지는 태양의 운행을 말한 것이다. 이러한 운행이 잘 반영된 천문의기가 혼천의이다. 1433년 박연朴堧(1378~1458)은 혼천의 제작자로 처음 등장한다. 천재 음악가로도 알려진 박연이 혼천의를 제작한 것은 음악과 천문의 원리가 하나였음을 짐작하게 한다.

혼천의를 구성하는 기본적인 3층 구조(육합의 · 삼신의 · 사유의)중에서 가운데층에 삼신의가 위치한다. 삼신의는 하늘의 모습을 담게 된다. 즉, 별들이 하루 동안 움직이고, 태양이 운행하는 모습을 보여주는 적도환과 황도환이 매달려 있는 부분이다. 흠경각루의 산 위에는 이러한 적도환과 황도환이 구동하며, 황도환에 태양을 장치하여 운행시켰다.

그림 2-1. 흠경각루 축소모형 (이용삼 등, 2016) 1: 태양장치, 2: 황도환과 적도환, 3: 4신옥녀와 4신, 4: 시보대(사신, 종인, 고인, 정인), 5: 12신옥녀와 12신, 6: 기기대(관인과 기기), 7: 가산

표 2-1. 흠경각루의 시보인형과 작동시스템 (김상혁, 2012)

| 인형 | 작동 내용 |
|---|---|
| 4신옥녀(玉女)4명 | [태양 아래] 옥녀는 손에 금 요령을 들고 구름을 타고 사방에 서있음<br><br>인시, 묘시, 진시의 초정에는 동쪽에 있는 옥녀가 요령을 흔듦<br>사시, 오시, 미시의 초정에는 남쪽에 있는 옥녀가 요령을 흔듦<br>신시, 유시, 술시의 초정에는 서쪽에 있는 옥녀가 요령을 흔듦<br>해시, 자시, 축시의 초정에는 북쪽에 있는 옥녀가 요령을 흔듦 |

| | |
|---|---|
| | [그 밑에] 청룡, 주작, 백호, 현무의 4신은 자기의 방위에 서서 모두 산을 향하고 있음 |
| 4신(四神)4명 | (청룡)<br>인시가 되면 청룡이 북쪽을 향함(처음엔 서쪽을 향함)<br>묘시가 되면 청룡이 동쪽을 향함<br>진시가 되면 청룡이 남쪽을 향함<br>사시가 되면 청룡이 서쪽을 향함<br>(주작)<br>사시가 되면 주작은 동쪽을 향함(처음엔 북쪽을 향함)<br>오시가 되면 주작은 남쪽을 향함<br>미시가 되면 주작은 서쪽을 향함<br>신시가 되면 주작은 북쪽을 향함<br>(백호), (현무)도 위의 회전에 따름 |
| 사신(司辰)1명<br><br>무사(武士)3명 | [산기슭] 남쪽 기슭에는 높은 대가 있고, 그 위에 시간을 맡은 사신(司辰, 시간을 관장하는 인형) 한 사람이 붉은 옷을 갖추어 입고 산을 등지고 서 있음. 무사 3인은 모두 갑옷과 투구를 갖춤. 시간마다 사신이 종을 치는 사람(동쪽 무사)을 돌아다보면 종을 치는 사람도 돌아다보고 종을 침. 경마다 북을 치는 사람이 북을 치고 점마다 징을 치는 사람이 징을 침. 서로 돌아다보고 타격하는 것은 종치는 사람과 같음. 북과 징을 치는 수는 모두 각각의 관례에 따름<br><br>동쪽 무사: 종을 치는 망치를 들고 서쪽을 향함<br>북쪽에 가까운 서쪽 무사: 북을 치는 북채를 들고 동쪽을 향함<br>남쪽에 가까운 서쪽 무사: 징을 치는 징채를 들고 동쪽을 향함 |
| 12신옥녀(玉女)12명<br><br>12신(神)12명 | [산 밑 평지] 12신(十二神)이 각각 제자리에 엎드려 있고, 12신 뒤에는 각각 옥녀가 나오는 구멍이 있음<br><br>자시가 되면 쥐의 인형(신) 뒤 구멍이 저절로 열리고 옥녀가 시패를 들고 나오면 쥐의 신은 그 앞에서 일어남. 자시가 지나면 옥녀가 다시 들어가서 쥐의 신은 다시 엎드림. 축시가 되면 소의 인형(신) 뒤 구멍이 저절로 열리고 옥녀가 시패를 들고 나오면 소의 신은 그 앞에서 일어남. 12시(時) 모두 같은 메커니즘으로 동작 |
| 관인(官人)1명 | 오시 앞에 축대 위의 기기(欹器)와 그 뒤로 관인(官人)이 있음. 금병으로 물을 따름 |

태양이 운행하는 바로 아래에는 청룡(동), 백호(서), 주작(남), 현무(북)의 4신神과 함께 옥녀玉女(이후 '4신옥녀'로 명명함)가 배치되어 있다. 청룡(인시, 묘시, 진시), 주작(사시, 오시, 미시), 백호(신시, 유시, 술시), 현무(해

시, 자시, 축시)는 각각 12시진時辰(1時辰=현재의 2시간)중 3시진을 담당하여 순차적으로 운행한다. 예를 들어 주작신은 1시진이 지나면 시계방향으로 90°를 회전한다. 2시진이 지나면 180°를 움직인다. 이렇게 3시진이 지나고, 이후 4시진이 되면 원래의 위치로 되돌아온다(360° 회전). 이때 4신옥녀는 매 시진의 초初(시진의 시작)와 정正(시진의 중간)에 금 요령을 흔들어 시간을 알려준다.

그림 2-2. 산 위 주작신의 움직임 주작신(朱雀神)은 처음에 산 중심을 향하고 있다. 사시(巳時)에 동쪽, 오시(午時)에 남쪽, 미시(未時)에 서쪽을 바라보고, 신시(申時)에 원래의 위치로 돌아온다.

산기슭의 남쪽에는 높은 대臺가 있다(그림 2-3(왼쪽) 참고). 위에는 종, 북, 징을 타격해 시간을 알려주는 무사 복장의 시보인형들이 있고, 이들 인형들을 관장하는 사신司辰이 있다. 종·북·징을 타격하는 인형들은 사신의 지시를 받아 작동한다. 매 시진이 될 때마다 사신을 바라

그림 2-3. 시보대(왼쪽)와 기기대(오른쪽)

보고, 종인도 사신을 바라본 후 종을 치는 행위가 일어난다. 마치 살아 있는 인형처럼 말이다. 이러한 행위는 고인鼓人(북을 타격하는 시보인형으로 경점시간에 의한 경시간 담당)과 정인鉦人(징을 타격하는 시보인형으로 경점시간의 점시간 담당)에서도 똑 같이 일어난다. 흠경각루 시보인형들의 복장은 그림 2-4를 참고하기 바란다.

그림 2-4. 옥녀(왼쪽), 관인(가운데), 무사(오른쪽)의 복장 참고도[1]

---

1) 그림출처: 옥녀는 남양주 홍국사 시왕전의 내벽화인 〈천녀타종도〉이고, 관인과 무사는 권오창(1998)의 『조선시대 우리옷』(현암사)의 31쪽과 57쪽의 그림을 인용함.

그림 2-5. 12신옥녀와 12신 위쪽 좌측부터 시계 방향으로 진시(辰時), 사시(巳時), 오시(午時), 미시(未時)일 때 옥녀의 위치를 나타내고 있다. 이때 진신(辰神), 사신(巳神), 오신(午神), 미신(未神)의 서있는 모습과 엎드려 있는 모습을 보여주고 있다.

산 밑 평지 주변으로 옥녀(이후 '12신옥녀'로 명명함)와 12신神이 배치되어 있다. 12신은 자子(23:00~01:00), 축丑(01:00~03:00), 인寅(03:00~05:00), 묘卯(05:00~07:00), 진辰(07:00~09:00), 사巳(09:00~11:00), 오午(11:00~13:00), 미未(13:00~15:00), 신申(15:00~17:00), 유酉(17:00~19:00), 술戌(19:00~21:00), 해亥(21:00~23:00)에 해당되는 신으로 12신옥녀 앞에 엎드려 있다.

오시午時 초각(11:00)이 되면 오시옥녀가 평지의 뚜껑을 열고 오시의 시패를 들고 나오며, 이때 엎드려 있었던 오신午神은 일어서게 된다(그림 2-5 참고). 시간이 흘러 미시未時 초각이 되면 오시옥녀와 오신은 원래의 모습으로 되돌아가고, 미시옥녀가 미시의 시패를 들고 나오고, 미신未神이 일어서게 된다.

가산의 맨 남쪽에는 기기대가 있다(그림 2-3(오른쪽) 참고). 여기에는 관인官人이 있고 기기欹器의 동작이 연출된다. 흠경각루의 작동을 위해 사용된 물중 여분의 물은 이곳으로 흘러오게 되어 기기에 물을 담는다. 기기는 기울어진 그릇을 말하는 것으로, 초기에 물이 없으면 기울어져 있다가, 물이 절반쯤 차면 바로 서고, 물이 가득차면 엎어지도록 했다.

가산과 평지는 당시의 농경도라고 할 수 있는 빈풍豳風의 4계절을 담고 있다(그림 2-6 참고). 동쪽에는 봄의 경치를 나타내고, 남쪽에는 여름, 서쪽에는 가을, 북쪽에는 겨울의 경치를 배치했다. 빈풍도는 『시경』의 〈빈풍칠월편〉의 내용을 묘사한 그림이다. 〈빈풍칠월편〉은 주나라 때의 주공周公이 무왕武王에 뒤이어 섭정을 그만두고 나이가 어리고 경험이 부족한 성왕成王을 등극시킨 뒤, 백성들의 농사짓는 어려움을 인식시키기 위하여 지은 것이다. 모두 8연으로 되어 있어 그림은 대개 8폭으로 그려진다.

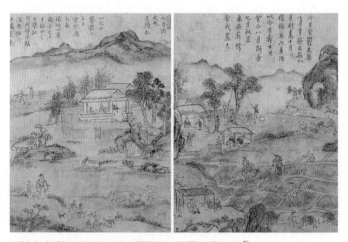

그림 2-6. 이방운(李昉運, 1761~?)의 〈빈풍칠월도〉 (국립중앙박물관 소장)[2)]
    왼쪽이 〈빈풍칠월도〉 1면이고, 오른쪽이 6면이다.

---

2) 국립중앙박물관, 「겨레와 함께한 쌀」 도록집, 새천년특별전(2000. 7. 24).

흠경각루는 자동물시계로서 풍성한 볼거리를 제공하지만, 유교적 이념과 성향이 반영된 〈빈풍도〉와 기기를 표현함으로써 흠경각 내부 공간을 통치의 공간으로 확장시켰고, 조선사회를 바르게 세우고자 했던 세종의 이념이 잘 반영된 공간이었다.


## 2. 조선의 하루도 24시간 이었다!!!

조선시대에는 두 가지 시간체계를 사용한다. 하나는 하루를 균등하게 12시진으로 구분하는 시각체계이다. 다른 하나는 밤 시간에만 사용하는 시각체계를 말한다. 12시진은 균등한 시간이므로 정시법定時法라고 하고, 밤 시간은 계절에 따라 밤 길이가 달라지므로 부정시법不定時法이라고 한다. 부정시법에 의한 시간을 경점시간更點時間이라고도 부른다.

보루각루의 시각을 맞추는 것은 아무 때나 가능한 것은 아니다. 태양이 남중南中(정남 방향에 있을 때)할 때 잣대에 부력을 가하여 운행을 시작시킨다. 자격루의 수수호受水壺(물을 받는 통)가 2개가 있는 것은 하나의 수수호를 하루 동안 사용하고, 다른 수수호는 그 다음 하루 동안 사용하기 위함이다. 자격루는 12시진의 시각을 알려줌과 동시에 경점에 따른 시각을 알려주었다. 이는 흠경각루의 시보에서도 마찬가지였다

조선시대의 1시진은 오늘날 2시간에 해당한다(그림 2-7 참고). 하지만 1시진을 반으로 나누어 초와 정으로 사용했다. 결국 1시진은 2등분하여 사용하였으니, 12시진은 하루를 24등분한 것과 같다. 따라서 12시진은 오늘날 24시간 제도와 특별히 다른 점이 없어 보인다. 다만, 초

와 정을 더욱 세부적인 단위로 나눌 때 차이가 발생한다.

우리가 사용하는 1시간hour은 60분minute으로 구성되어 있고, 1분은 60초second로 구성되어 있다. 놀랍게도 1654년의 서양식 역법인 시헌력이 조선에서 사용되면서 이러한 기본적인 형식이 정착되었다. 시헌력 도입 시기에 1시진은 초와 정으로 구분되었다. 매 초와 매 정은 크게 4등분되었는데, 이것을 각刻이라고 표현했다. 매 각은 15개의 세부 단위인 분分으로 나누었는데, 오늘날 15분, 30분, 45분, 60분에 대응되는 값이 된다. 즉, 매 각은 15분씩 배치되는 것으로 초각, 일각, 이각, 삼각으로 나타냈다. 오늘날에도 중국의 일상생활에서 시간 표현을 각刻 단위로 사용하는 것을 종종 볼 수 있다.

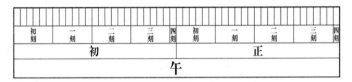

그림 2-7. 12시 100각(위)과 12시 96각(아래)의 오시 눈금(이용삼 등, 2016)

조선후기는 1일 96각을 사용했다. 96각은 1시진마다 8각(초에 4각+정에 4각)씩 배치하는 것을 말한다. 그런데, 조선전기에는 조금 복잡한 시각체계를 사용했다. 조선전기에는 1일 100각을 사용했다. 이것을 100각법百刻法(하루를 100등분)으로 불렀다. 하루를 12시로 구분하고 동시에 100각으로 나누었다는 의미가 된다. 문제는 12시에 100각을 균등하게 배치시켜야 했는데, 그것은 불가능했다. 100은 12의 정수배가 아니기 때문이다. 그렇다면 조선전기에는 어떻게 이 문제를 해결했을까?

조선전기에는 하루를 12시진, 그리고 100각으로 나타냈다. 매 시진은 초와 정으로 구분했다. 매 초와 매 정에는 4각과 1/6각씩 배분했다. 따라서 1시진은 8각과 1/3각이 된다. 12시진은 96각(12시진×8각)과 4각(12시진×1/3각)으로 나타낼 수 있었다. 결국 조선전기에는 매 초와 매 정마다 1/6각을 편성하여 12시진과 100각이라는 시각체계를 절묘하게 사용할 수 있었다.

이른바 매 시 초와 정에 배치된 1/6각은 왜 생겨났을까? 아직 어떠한 문헌에도 그 이유를 설명하고 있지 않다. 물시계 측정시 오차가 발생할 때 시각을 맞추기 위한 조절용이 되었건, 기계시계의 오차시간 조정을 위한 것이든, 오늘날 관점에서 1/6각의 존재는 매우 불편한 시각체계로 생각된다.

## 3. 4신과 12신

4신神은 동서남북의 방위를 나타내고 우주의 질서를 표현한 상징적인 동물 그림이다. 우리나라에 4신에 대한 그림과 관념이 언제부터 유래했는지는 분명하지 않다. 흠경각루의 산 위에는 4신이 배치되어 있어 하늘과 맞닿은 공간의 구성과 시간과 방향(방위)을 알려주는 역할을 했다.

4신에 대한 개념은 오행설五行說과도 관련이 있어 보인다. 『회남자淮南子』의 「천문훈天文訓」에 오성五星(수성, 금성, 화성, 목성, 토성)에 대한 설명이 나온다. 동방은 목木으로 창룡蒼龍에 해당하고, 남방은 화火로 주조朱鳥에 해당하고, 서방은 금金으로 백호白虎에 해당하고, 북방은 수水로 현무玄武에 해당하고, 중앙은 토土로 황룡黃龍에 해당한다고 했다. 따라서 4신은 천문관 및 방위관, 그리고 색채와 관련된 사상을 담고 있었다.

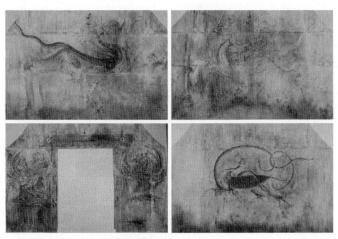

그림 2-8. 강서대묘의 사신도 (국립중앙박물관 소장)
　　　　위의 왼쪽부터 청룡과 백호, 아래의 왼쪽부터 주작과 현무이다.

그림 2-9. 경복궁의 4신 상징 석물들 (문화재청, 2000) 왼쪽부터 청룡, 백호, 주작, 현무이다.

12신神은 12지 동물을 나타낸 것이다. 자子는 쥐, 축丑은 소, 인寅은 호랑이 등으로 나타낸다. 또한 묘卯는 동쪽, 유酉는 서쪽, 오午는 남쪽, 자子는 북쪽을 나타낸다. 흠경각루 평지에 위치한 12신은 시간을 알려주는 기본적인 기능과 함께 12방위를 알려주는 역할을 했다. 그렇다면, 12지는 언제 어떻게 생겨난 것일까? 허균(2010)은 『십이지의 문화사』에서 12지의 기원을 다음과 같이 소개하였다.

> 전설에 의하면 태곳적에 천황씨天皇氏 성을 가진 12명이 반고씨盤古氏를 계승하여 정치할 때 십간과 함께 십이지를 처음으로 제정했다고도 하며, 다른 한편으로는 복희씨伏羲氏 등에 의해 기원되었다는 설도 전한다.

이미 은대殷代(기원전 1600~1046) 갑골문자에 간지표가 포함되어 있던 것으로 볼 때, 은대부터 12지를 포함한 간지干支가 보편적으로 사용된 정황으로 이해된다. 그런데, 흥미로운 점은 우리가 사용하는 12지 동물을 세계 모두가 공통적으로 사용하지 않는다. 이는 중국의 한족과 다른 소수민족의 경우에서도 드러나며, 인도, 일본, 베트남, 이집트, 그리스의 12지 동물 체계와도 다르다.

표 2-2. 한국, 중국, 인도, 일본 등의 12지 동물들 (허균, 2010)

| 국가 | 12지 동물들 |
|------|------------|
| 한국 | 쥐, 소, 호랑이, 토끼, 용, 뱀, 말, 양, 원숭이, 닭, 개, 돼지 |
| 중국 (한족) | 쥐, 소, 호랑이, 토끼, 용, 뱀, 말, 양, 원숭이, 닭, 개, 돼지 |
| 계서 이족 | 용, 봉황, 말, 개미, 사람, 닭, 개, 돼지, 참새, 소, 호랑이, 뱀 |
| 애뢰산 이족 | 호랑이, 토끼, 천산갑, 뱀, 말, 양, 원숭이, 닭, 개, 돼지, 쥐, 소 |
| 천전검 이족 | 쥐, 소, 호랑이, 토끼, 용, 뱀, 말, 양, 원숭이, 닭, 개, 돼지 |

| 해남 여족 | 닭, 개, 돼지, 쥐, 소, 벌레, 토끼, 용, 뱀, 말, 양, 원숭이 |
|---|---|
| 운남 태족 | 쥐, 황소, 호랑이, 토끼, 큰 뱀, 뱀, 말, 산양, 원숭이, 닭, 개, 코끼리 |
| 광서 장족 | 쥐, 소, 호랑이, 토끼, 용, 뱀, 말, 양, 원숭이, 닭, 개, 돼지 |
| 몽골족 | 호랑이, 토끼, 용, 뱀, 말, 양, 원숭이, 닭, 개, 돼지, 쥐, 소 |
| 신장 유오이족 | 쥐, 소, 호랑이, 토끼, 물고기, 뱀, 말, 양, 원숭이, 닭, 개, 돼지 |
| 신장 키르기스족 | 쥐, 소, 호랑이, 토끼, 물고기, 뱀, 말, 양, 여우, 닭, 개, 돼지 |
| 인도 | 쥐, 소, 사자, 토끼, 용, 뱀, 말, 양, 원숭이, 금시조, 개, 돼지 |
| 일본 | 쥐, 소, 사자, 고양이, 용, 뱀, 말, 양, 원숭이, 금시조, 개, 돼지 |
| 베트남 | 쥐, 소, 사자, 고양이, 용, 뱀, 말, 양, 원숭이, 금시조, 개, 돼지 |
| 이집트 | 목우, 산양, 사자, 나귀, 게, 뱀, 개, 쥐, 악어, 홍학, 원숭이, 매 |
| 그리스 | 목우, 산양, 사자, 나귀, 게, 뱀, 개, 고양이, 악어, 홍학, 원숭이, 매 |

한국은 중국(한족)과 동일한 12지 문화체계를 갖는다. 중국내 소수민족 중에서도 천전겸川滇黔 이족彝族과 광서廣西 장족壯族이 같은 전통을 따른다. 다른 소수민족들은 조금씩 다르다. 운남雲南 태족傣族은 코끼리가 등장하고, 신장新疆 지역의 두 민족은 용대신 물고기가 등장한다. 또한 신장 키르기스Kirgiz족은 원숭이 대신 여우가 등장한다.

인도, 일본, 베트남 지역도 우리나라의 12지 동물 전통은 유사한데, 닭 대신 금시조가 나온다. 또한 일본과 베트남에서는 토끼 대신 고양이를 12지 동물로 인식했다. 고양이를 더 좋았던 민족성이 반영된 것으로 생각된다. 이집트와 그리스는 나귀, 게, 악어, 홍학, 매 등을 등장시켜 동아시아의 12지 동물 체계와 확연히 다르게 사용되었음을 알 수 있다.

그림 2-10. 경복궁의 12지 상징 석물들 (문화재청, 2000)
위의 왼쪽부터 차례대로 쥐, 소, 호랑이, 토끼, 뱀, 말, 양, 원숭이, 닭이다.

## 4. 사신과 무사들이 알려주는 시간들

시보대 위에는 시간을 관장하는 사신과 무사들이 등장한다. 사신은 붉은색의 관복을 입었다. 무사는 모두 세 명으로 갑옷을 입고, 각각 타격을 할 수 있는 망치, 북채, 징채를 들고 종, 북, 징을 타격했다. 종을 치는 종인은 12시진 시각을 알려주었고, 북을 치는 고인은 경점시간에서 몇 경인지를 알려주었으며, 징을 치는 정인은 몇 점인가를 알려 주었다.

가끔 어린 시절 집집마다 있었던 괘종시계가 기억난다. 거실의 벽에 걸린 시계로 태엽을 동력원으로 사용했다. 진자 추의 길이를 길게 해주면 시간이 늦게 가고, 진자 추의 길이를 짧게 해주면 빨리 간다. 정오가 지나고 오후 1시가 되면 종을 한번 쳤다. 2시에는 2번, 3시에는 3번, 이렇게 12시가 되면 12번을 종을 쳤다. 또한 매시간 중간인 30분마다 종을 1번 쳤다. 오늘날에는 이렇게 시간에 따른 종소리를 듣게 되는 시계는 드물다. 그런데 전통사회에서 자시에는 몇 번 종을 쳐야 했을까?

남문현(2002)의 자격루 연구를 보면 매 시진 마다 종을 한 번씩 쳤다. 보루각루나 흠경각루의 12시진 체계에서는 횟수에 대한 정보가 들어있지 않다. 보루각루의 경점시간에서 북과 징의 타격횟수는 12시진의 방식과는 달랐다. 밤 시간을 5등분하여 5경更으로 나타냈고, 매 경을 다시 5등분하여 5점點으로 나타냈다. 이렇게 밤 시간은 5경 5점으로 나눈 총 25등분한 시각체계를 사용했다. 경과 점은 북과 징 소리로 구분했다.

표 2-3. 경점시간 타격횟수 (Kim et al., 2010)

| 경점 구분 | | 보루각루의 경점시각 타격 | | 당종법의 경점시각 타격 | |
|---|---|---|---|---|---|
| 경 | 점 | 북 | 징 | 북 | 징 |
| 1 | 1 | 1 | 1 | | |
| 1 | 2 | | 2 | | |
| 1 | 3 | | 3 | 1×5 | 3×5 |
| 1 | 4 | | 4 | 1×5 | 4×5 |
| 1 | 5 | | 5 | 1×5 | 5×5 |
| 2 | 1 | 2 | 1 | 2×5 | 1×5 |
| 2 | 2 | | 2 | 2×5 | 2×5 |
| 2 | 3 | | 3 | 2×5 | 3×5 |
| 2 | 4 | | 4 | 2×5 | 4×5 |
| 2 | 5 | | 5 | 2×5 | 5×5 |
| 3 | 1 | 3 | 1 | 3×5 | 1×5 |
| 3 | 2 | | 2 | 3×5 | 2×5 |
| 3 | 3 | | 3 | 3×5 | 3×5 |
| 3 | 4 | | 4 | 3×5 | 4×5 |
| 3 | 5 | | 5 | 3×5 | 5×5 |
| 4 | 1 | 4 | 1 | 4×5 | 1×5 |
| 4 | 2 | | 2 | 4×5 | 2×5 |
| 4 | 3 | | 3 | 4×5 | 3×5 |
| 4 | 4 | | 4 | 4×5 | 4×5 |
| 4 | 5 | | 5 | 4×5 | 5×5 |
| 5 | 1 | 5 | 1 | 5×5 | 1×5 |
| 5 | 2 | | 2 | 5×5 | 2×5 |
| 5 | 3 | | 3 | 5×5 | 3×5 |
| 5 | 4 | | 4 | | |
| 5 | 5 | | 5 | | |

　〈흠경각기〉 문헌에서 흠경각루의 시보(시간을 알림)는 기본적으로 보루각루의 시보와 유사한 것으로 밝히고 있다. 보루각루의 경점시 간은 경更과 점點에 따라 북과 징을 타격한다(표 2-3 참고). 이와 다르게 1469년(예종 1)에 정비된 당종법撞鐘法에서는 1경 3점부터 5경 3점까지 타격하며 매번 5회 반복하여 북과 징을 쳤다 (남문현, 1995).

## 5. 공자의 좌우명으로 삼은 기울어진 그릇

흠경각루의 가산 남쪽 평지에는 기울어진 그릇이 있다. 기기欹器[3]라는 명칭으로 부르는데, 그릇이 비어 있으면 한쪽으로 기울고, 물이 적당히 차면 그릇이 반듯하게 세워지고, 가득차면 엎어지는 모습을 보인다.

기기에 대한 기록은『순자荀子』의「유좌宥坐」편에 나온다.[4] 공자가 노魯나라 환공桓公의 사당을 방문했을 때의 일이다. 공자孔子(기원전 551~479)는 신기하게 움직이는 이 그릇을 보고 사당지기에게 무슨 그릇이냐고 물었다. 사당지기는 "환공이 자리 오른편에 두던 그릇"이라고 대답했다. 공자는 "이 그릇은 비어 있으면 기울고虛則欹, 절반쯤 차면 바르게 놓이며中則正, 가득 차면 엎어진다滿則覆"고 들었다면서 제자인 자로子路(기원전 543~480)를 시켜 물을 떠오게 하였다. 이윽고, 이 그릇에 물을 담아 실험해보니 실제로 잘 작동되는 것을 확인했다. 기기를 통해 임금은 권력이 넘치지도 않게 또한 모자라지도 않게 처신하도록 하는 수단으로 삼았던 것이다. 오늘날 인생의 '좌우명'이라는 용어를 많이 사용한다. 이 용어의 기원은 공자가 기기를 자신의 오른편에 두어 항상 판단의 기준으로 삼았다고 하는 이 일화에 따르고 있다.

---

3) '欹器'에서 '欹'의 발음과 관련하여 감탄사를 사용될 때는 '의'로 기울다의 의미로 사용될 때는 '기'로 발음한다. 〈흠경각기〉 기록에 의하면 기울어진 그릇을 지칭하므로 '기'로 발음하는 것이 맞다. 그런데, 1899년에 작성된『선보집략언해』(한국학중앙연구원 장서각 소장본)에 따르면 '欹器'의 국문표현을 '의긔'로 표현하고 있다. 물론 이렇게 부르는 것은 오류일 가능성이 크기만, 당시 '기'와 '의'를 혼용하여 사용했을 가능성도 완전히 배제할 수 없다. 이 책에서는 '欹器'를 '기기'로 표현하였다.

4)『순자』권20,「유좌」.

그림 2-11은 중국 당대唐代에 제작한 것으로 추정되는 〈열성계훈육병감계도列聖戒訓六屏鑒戒圖〉이다. 1폭에는 기기, 2폭은 옥인, 3폭은 금인, 4폭은 석인, 5폭은 목인, 6폭에는 속이 텅 빈 박만撲滿, 싸리묶음, 실타래가 표현되어 있다(송희경 2016). 송희경(2016)은 공자와 자로 등 등장인물을 완전히 생략한 점을 미루어 보아서, 기기가 지닌 중용의 가르침을 극대화하려는 의도로 보았다.

그림 2-11. 〈열성계훈육병감계도〉 (아스타나 고분, 8세기 추정) (송희경, 2016)

조선시대에도 군주의 좌우명이 되는 기기에 대한 기록이 나온다. 1399년(정종 1) 평양부윤 성석린成石璘(1338~1423)은 정종定宗의 즉위를 축하하기 위하여 〈기기도欹器圖〉를 진상했다.[5] 정종은 경연에 나가 〈기기도〉를 벽에 걸었는데, 지경연사知經筵事(경연청의 정2품 관직의 지사) 이서李舒(1332~1410)가 '가득 차도 넘치지 않는다'는 말을 인용하여 영성盈盛(가득차고 성함)을 지속하기 어려움을 경계하도록 했다.[6] 그리고 이에 대한 얘기를 듣고 정종이 기뻐했다고 한다.

---

5) 『정종실록』 권1, 정종 1년 1월 1일(임신).
6) 『정종실록』 권1, 정종 1년 1월 3일(갑술).

1433년(세종 15) 세종은 경연에 나아가『성리대전性理大全』을 강론하고 칠월시를 만들라는 기록이 나온다.[7] 세종은 〈빈풍칠월도豳風七月圖〉를 보고 그것을 농사짓는 일의 힘들고 어려움을 살펴 알게 되었다고 했다. 그리고 우리나라 풍속을 채집하여 일하는 모습을 그리고 찬미하는 노래를 지어서, 상하 귀천이 모두 농사일의 소중함을 알게 하였다. 후손들에게 전해 주어서 영원한 세대까지 알게 하고자 하여 집현전으로 하여금 그림을 그리게 하고, 노래로 칠월시七月詩를 만들게 했다. 이에 지신사知申事 안숭선安崇善(1392~1452)은 〈기기도〉를 얻어 벽에다 걸어 놓고 그것을 보니 많은 수양이 되고 있다고 전하면서 세종이 지시한 〈칠월시도七月詩圖〉의 편찬은 만대의 미담이 될 것이라고 말했다.

흠경각은 1438년(세종 20) 1월 7일에 완성되었다. 세종의 〈빈풍칠월도〉와 기기에 대한 구상은 4년 여 만에 실현되었다. 그리고 그것을 가능하게 했던 인물이 바로 장영실이다. 장영실은 〈기기도〉가 아닌, 실제 작동하는 모델로 제작하여 세종이 오랜 기간 공정한 통치를 펼칠 수 있도록 했다.


## 6. 태양의 일주운동과 연주운동

태양이 하루 동안 동쪽에서 서쪽으로 운행하는 것을 일주운동이라고 한다. 이는 지구의 자전에 의해서 벌어지는 현상이다. 또한 태양은 황도상에서 동진東進한다. 즉, 서쪽에서 동쪽으로 진행한다. 이는 지

---

7) 『세종실록』 권61, 세종 15년 8월 13일(계사).

구가 태양 둘레를 매일 조금씩 공전하면서 벌어지는 현상이다. 이러한 현상들로 인해 태양은 계절마다 고도가 달라지고, 뜨는 방향도 달라진다. 흠경각루의 가산 맨 위에는 이를 재현하기 위한 장치가 설치된다. 태양운행장치를 갖춘 혼천의는 가산 위에서 태양의 일주운동과 연주운동을 재현한다(그림 2-12 참고).

『세종실록』에 따른 태양운행에 대한 것은 혼상을 설명할 때 언급한 "실로 당겨 약 1도씩 뒤로 물러나게 한다"는 기록뿐이다. 다행히 송이영의 혼천시계에는 이 메커니즘을 설명할 수 있는 결정적 단서가

그림 2-12. 가산 위의 혼천의 구성도. 1: 북극, 2: 남극, 3: 자오쌍환, 4: 지평환, 5: 삼신쌍환, 6: 황도환, 7: 태양모형, 8: 적도환, 9: 천운환, 10: 오운주, 11: 기둥, 12: 십자받침, 13: 연결기어, 14: 천륜

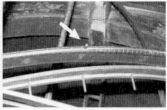
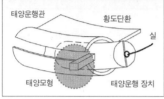

태양운행관　　　　　황도단환
　　　　　　　　　　　　　　실

태양모형　　　　　태양운행 장치

그림 2-13. 송이영의 혼천시계 북극 축의 실(왼쪽),
태양운행 장치(오른쪽)와 개념도(아래)

남아있다. 그림 2-13은 송이영의 혼천시계의 북극 축의 실, 태양운행
장치와 개념도이다. 태양장치에 연결된 실이 황도와 삼신쌍환을 통해
북극축으로 나온다. 이 실은 커다란 기어의 회전축에 감기면서 태양
을 매일 약 1도씩 황도상에서 동진시킨다.

　흠경각루의 가산 위에는 태양의 운행을 간략하게 보여주는 혼천의
가 가설되었을 것으로 추정된다. 이러한 혼천의 구성은 고정된 육합
의가 있고, 태양운행장치를 갖춘 삼신의로 구성해 볼 수 있다. 육합의
는 혼천의의 가장 바깥층을 구성하는 것으로 지평환과 자오쌍환으로
이루어져 있다. 그리고 삼신의는 육합의 안쪽층을 구성하는 것으로
삼신쌍환, 황도환, 적도환, 천운환으로 구성된다. 이때 적도환은 반드
시 필요한 환은 아니지만, 태양의 황도상 위치를 파악할 때 중요한 확
인 지점이 되므로 있는 것이 편리하다.

　혼천의에서 태양의 일주운동이란 삼신쌍환에 결합된 황도환의 태
양장치가 하루 1회전 하는 것을 의미한다. 그런데, 실제로는 삼신쌍환

은 하루에 1회전하고 약 1도 정도 더 회전한다. 즉, 삼신쌍환의 적도환은 천체의 운행을 담당하고 있는데, 천체는 북극을 중심으로 약 1도를 더 운행한다. 태양주위를 지구가 매일 1도씩 공전하면서 자전을 하기 때문이다.

태양의 연주운동이란 황도상에서 매일 태양이 약 1도씩 동진하는 것을 말한다. 이를 위해 혼천의 남극 축으로 실을 빼내어 기어 축에 감아주도록 한다. 송이영의 혼천시계의 주동력은 북극 축을 통해 이루어졌지만, 흠경각루는 가산의 아래로부터 연결되므로 남극 축을 활용한 동력전달과 태양운행이 자연스러운 구조라고 볼 수 있다.

앞서 언급한 태양의 일주운동을 위해 삼신의 회전축이 매일 1도씩 회전하게 될 때 태양의 황도상 움직임(연주운동)에서는 반드시 1도씩 잡아당겨주어야 한다. 만약 삼신의만 회전하고 황도상 태양장치가 1

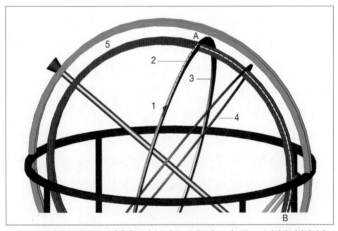

그림 2-14. 태양장치의 운행 1: 태양장치, 2: 태양운행 끈, 3: 황도환, 4: 적도환, 5: 삼신쌍환 태양장치와 연결된 끈은 A지점(하지점)에서 삼신쌍환 내부를 통과한 후 B지점을 거쳐 남극 기어로 나온다. 이때 하루에 약 1도씩 끈을 당기도록 하여 황도상 태양의 움직임을 보여준다.

도씩 후퇴하지 않는다면, 매일 태양이 조금씩 일찍 뜨는 현상이 일어난다. 이러한 상태가 6개월 정도 지속된다면, 기계적 오류로 인하여 밤에 뜨는 태양을 목격할 수도 있다.

## 1. 해자와 내부 구조

흠경각루 가산 내부를 구체적으로 설명한 문헌은 없다. 다만, 수격식이므로 수차와 물시계의 구성은 기본적인 부품이라고 할 수 있다. 우리는 물시계 수리를 위해 남아 있는 몇 몇 문헌기록의 단서에 주목했다.

먼저, 물을 담는 커다란 물통인 해자海子에 대한 언급이다. 물을 공급하는 역할이므로 가산 외부에 설치되어 가산 내부로 물을 공급해주었다. 『성종실록』에 따르면, 동과 철 재질로 해자를 만들었는데, 시간이 흘러 해자를 보수할 때 사용한 납이 훼손되어 바닥으로 물이 새어나와 널빤지가 썩어 곤란을 겪었다. 이어지는 기록에는 해자의 물이 주전籌箭을 격발한다는 대목이 나온다. 주전은 조선초기 〈흠경각기〉에는 나오지 않는 새로운 부품 명칭이다.

『광해군일기』에 따르면 대·중·소 수호 기록과 구슬에 의한 격발을 언급하고 있다. 수호의 크기가 각기 다른 것은 보루각루의 형태와 닮아 있으며, 오버플로우overflow 장치가 반드시 있어야 함을 말해 준다. 구슬의 존재여부도 조선 초기에 기록된 〈흠경각기〉에서 다루어지지 않았던 새로운 내용이다.

위의 두 가지 기록을 적절히 융합해 살펴보면 흠경각루의 내부 메커니즘에 대해 한층 더 들여다 볼 수 있다. 주전이 격발한다는 것은 신호를 발생한다는 의미이다. 〈흠경각기〉에서는 시보인형들의 외부 작동에 대한 부분이 강조되어 실제로 어떻게 신호를 발생할지 애매모호한 상황이었다. 다행히 수리기록에는 구슬이 사용되고 있음이 밝혀졌고, 그 활용의 중심에는 주전이 있었다.

보루각루의 부전浮箭(물에 뜨는 잣대)은 방목에 미리 설치된 구슬을 아

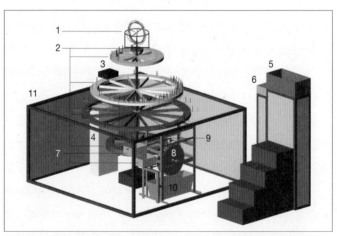

그림 3-1. 흠경각루의 내부공간 구성도 1: 혼천의, 2: 기륜, 3: 시보대, 4: 주전장치+구슬신호발생장치+
시·경·점 타격장치, 5: 해자, 6: 대파수호, 7: 중파수호와 소파수호, 8: 수차, 9: 천형장치,
10: 퇴수호, 11: 목궤

래로 떨어뜨려 신호를 발생시켰다. 적어도 흠경각루는 이러한 방식(부표를 활용한 방법)을 탈피하였는데, 그것은 주전장치라는 새로운 메커니즘으로 가능해졌다. 주전은 '셈하는 잣대' 또는 '계산하는 잣대'를 의미한다. 따라서 주전장치는 구슬신호를 발생시키는 장치로 구슬의 타격 순서와 타격 횟수를 제어하는 데에 밀접한 영향을 준 것으로 이해된다.

그림 3-1은 흠경각루의 내부공간에 대한 구성을 나타낸 것이다. 내부공간은 물시계, 수차, 천형장치, 기륜을 배치했다. 물시계는 3단의 수호지만, 중파수호와 소파수호가 내부에 설치되고, 대파수호는 가산 외부에 설치되어 폭포로 물을 공급하게 된다. 수차는 16개의 수수상으로 구성하고 천형장치가 수수상의 무게를 측정하도록 했다. 기륜은 모두 5층으로 구성했다. 기륜의 가장 아래로 동력이 전달되고, 맨 위의 천륜은 혼천의의 삼신의를 구동하도록 했다.

## 2. 기륜의 구성

흠경각루 내부에는 5층 규모의 기륜이 있다(그림 3-2 참고). 맨 위 1층에는 혼천의의 천운환天運環을 구동시키는 천륜天輪이 있다. 그 아래 2층에는 4신옥녀와 4신을 제어하는 4신기륜이 있고, 3층에는 시보대 위에 있는 사신, 종인, 고인, 정인을 제어하는 시보기륜이 있고, 4층에는 12신옥녀와 12신을 제어하는 12신기륜이 있다. 맨 아래에는 동력기륜이 있고 수차주축으로부터 동력을 전달받아 위쪽의 4개의 기륜과 함께 회전한다. 총 5개의 기륜은 모두 기륜주축에 연결되어 있다.

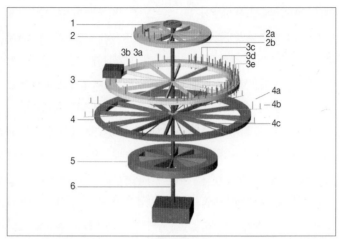

그림 3-2. 5층 기륜의 구성 1: 천륜, 2: 4신기륜, 3: 시보기륜, 4: 12신기륜, 5: 동력기륜, 6: 기륜주축

| No. | 명칭 | 걸턱수 | 주요 작동 내용 |
|---|---|---|---|
| 2a | 4신옥녀 걸턱 | 5 | 매 시진 초와 정에 4신옥녀가 방울을 흔듦 |
| 2b | 4신 걸턱 | 4 | 매 시진마다 4신이 90° 씩 회전 |
| 3a | 사신-12신 걸턱 | 12 | 매 시진마다 종인을 향함 |
| 3b | 종인 걸턱 | 12 | 종인이 종을 타격. 사신을 바라봄. 주전으로 12시신호 발생 |
| 3c | 사신-경점 걸턱 | 25 | 매 경점마다 고인 또는 정인을 향함 |
| 3d | 고인 걸턱 | 5 | 고인이 사신을 바라보고 북을 타격. 주전으로 경신호 발생 |
| 3e | 정인 걸턱 | 25 | 정인이 사신을 바라보고 징을 타격. 주전으로 점신호 발생 |
| 4a | 12신옥녀 걸턱 | 12 | 평지의 구멍을 통해 12신옥녀를 출현시킴 |
| 4b | 12신 걸턱 | 12 | 엎드려 있는 12신을 일어서게 함 |
| 4c | 지렛대 장치 | | 12신기륜의 변형지점에서 신호 발생 |

* 3a~3e는 시보기륜에서 시보대 인형의 타격 및 회전신호가 모두 발생하는 것을 가정하여 기술한 것이다.

천륜은 산 정상에 위치한 혼천의의 삼신쌍환에 부착된 천운환을 운행시킨다. 천륜이 1회전 할 때 천운환은 매일 조금씩 더 운행하도록 했다. 왜냐하면 북극을 중심으로 별들의 운행은 매일 1도(시간으로 약 4분)씩 빠르기 때문이다. 이를 위해 천륜과 천운환의 회전비를 366 : 365로 정했다. 천륜은 매일 1회전을 하지만, 천운환은 매일 1/365씩 더 움직이게 되어 실제 별들의 움직임을 재현하게 된다. 천륜과 천운환은 모두 톱니기어 형태로 구성되는데, 두 장치를 연결하는 기어를 설치하여 동력을 안정적으로 공급하도록 해야 한다. 이때 연결기어의 양쪽 톱니수는 천륜과 천운환의 회전비(366 : 365)를 만족하도록 구성해야 한다. 한편, 매일 황도상에서 태양의 위치를 1도씩 후퇴하게 해주는 기능을 넣어 각 천체들의 위치에서 태양의 위치 변화를 표현해주었다.

4신기륜은 산 위의 4신옥녀와 4신의 작동에 관여한다. 기륜 위에는 매시 초初와 정正을 나타내는 5개의 핀형('ㅣ'모양) 걸턱과 4신을 회전시켜주는 4개의 핀형 걸턱 장치가 있다. 이 걸턱 장치는 동서남북에 위치한 12신옥녀와 4신의 기어장치를 움직이게 한다. 옥녀는 매시 초와 정에 손에 들고 있는 방울을 흔들고, 해당되는 4신은 매시마다 90°씩 회전하게 된다. 4신기륜의 걸턱은 해당 시간에만 작동하도록 중심축으로 부터 90° 범위에 설치했다.

시보기륜은 사신과 3명의 무사들에게 작동 신호를 발생한다. 기륜 위에는 12시와 5경 5점의 위치에 핀형 걸턱을 설치한다. 기륜이 시보대를 지날 때 30° 간격으로 위치한 사신과 종인을 위한 각각 12개씩의 걸턱이 사신과 종인에게 작동신호를 보내게 된다. 사신과 종인은 서로쳐다보고, 종인은 종을 타격한다. 밤 시간에는 5경 5점을 표현한 25개의 걸턱이 고인과 정인에게 신호를 보내게 된다 (자세한 걸턱수는 그림 3-2의 설명 참고). 고인은 북을 치고, 정인은 징을 치도록 되어 있다. 북을 칠 때 사신과 고인이 마주보며, 징을 칠 때 사신과 정인이 마주 보게 된다. 12시와 5경 5점의 걸턱 신호는 구슬신호를 발생시켜 궁극적으로 보루각루와 유사한 타격시스템이 되도록 하였다.

5경 5점의 걸턱을 표현하는 방법은 25개의 걸턱을 계절에 맞도록 꽂아서 사용하거나 5경 5점의 걸턱이 위치한 기륜 일부를 패키지 형태로 교체하는 방식을 취했을 것으로 보인다. 또한『성종실록』에서 언급한 주전장치는 시보대 및 하단의 별도의 공간에 설치되어 기륜의 초·정 신호와 5경 5점 신호로 종·북·징을 타격하고 시보인형의 세부 움직임에 관여했을 것으로 여겨진다. 이러한 주전장치의 메커니즘은 보루각루의 부전과 방목의 메커니즘을 축소 개량한 것으로 파악된다.

12신기륜은 12신옥녀와 12신의 작동에 관여한다. 기륜 위에는 슬라이딩 레일rail을 구성하였다. 슬라이딩 레일은 보루각루와 혼천시계에서 등장하는 기술이다. 또한, 혼천시계의 시패가 시간알림 창에 올려진 후 지속적으로 보이는 것에 착안하여 기륜의 일부를 응용했다. 기륜의 일부를 잘라내고, 지렛대 원리를 적용하여 해당위치에서 지속적인 모습으로 보이도록 했다. 이러한 슬라이딩 레일과 기륜의 변형지점과 연동할 수 있도록 중심축에서 뻗어 나온 우산살 모양의 막대 끝에 12신옥녀와 12신을 설치하였다. 예를 들면, 기륜에 의해서 오시午時에는 옥녀가 해당 시패를 들고 솟아오른다. 이때 12신 중에서 오신午神은 엎드려 있다가 일어서게 된다. 이러한 행위는 기륜의 변형지점을 벗어날 때 까지 지속 된다. 12신기륜의 변형지점은 중심축으로 부터 30° 범위에 해당한다.

기륜주축은 천륜, 4신기륜, 시보기륜, 12신기륜, 동력기륜의 5개 기륜을 모두 연결되어 있다. 기륜은 수차로부터 동력을 전달받아 회전하는데, 기륜주축의 원활한 회전을 위해 하단 부분의 형태는 마찰력을 최소화 하도록 한다.


## 3. 주전장치와 구슬신호

흠경각루의 주전장치는 구슬신호를 발생시켰다. 주전장치의 크기와 작동메커니즘은 알려진 것이 없다. 보루각루의 경우 구슬신호가 방목을 통해서 발생되고 동통과 철환방출부를 통해 종·북·징을 타격하는 메커니즘으로 구성된다. 적어도 주전장치는 보루각루의 방목 장치와 동통의 일부기능을 수행하는 형태로 생각된다.

13세기 이슬람의 알자자리가 구현한 수많은 물시계 중에서 주전장치와 유사하게 구슬신호를 발생시키는 장치들이 있다. 그림 3-3은

그림 3-3. 13세기 알 자자리의 성 물시계(왼쪽)와 검객 양초시계(오른쪽)

성 물시계castle water-clock와 검객 양초시계the swordsman candle-clock이다. 성 물시계는 물의 부력을 통해 얻어진 에너지로 황도 12궁의 회전판을 돌리거나 미리 장착되어 있던 구슬을 떨어뜨려 신호를 발생하도록 했다. 검객 양초시계는 양초를 태우면서 양초의 길이가 짧아지는 만큼 구슬을 아래로 이동시켜 배출하도록 한 시계이다. 모두 구슬이 신호를 발생시켰고, 그 매개물은 물의 부력이거나 양초의 길이 변화였다.

그림 3-4. 대명전등루 모형 (장소: 중국과학기술관)[1]

주전장치는 명칭에 드러나 있는 것처럼 기다란 잣대로 구슬을 건드린 것으로 생각된다. 시보기류의 걸턱으로부터 생성된 신호를 일정하게 가공(기어장치 등을 활용하여 일정한 카운팅 할 수 있는 행위)된 물리적인 값으로 변화시킨 후 잣대로 구슬을 건드려 종·북·징을 타격하도록 했던 것으로 추정된다.

한편, 원대에 제작된 등루燈漏에도 구슬에 대한 기록이 나와 있다. 등루는 높이가 대략 1장 7자이고, 네 개의 기둥은 금장식을 했다(그림 3-4 참고).『제가역상집』에 따르면[2] 구부정한 들보 위의 중간에 운주雲珠(구름과 구슬)를 설치하는데, 왼쪽은 해를 달고 오른쪽은 달을 달았다. 운주 아래에는 다시 구슬 하나를 매달았다. 들보의 양쪽 끝에는 용의 머리를 장식하는데 입을 벌린 채 눈동자가 움직이고 있어 물의 수위를 인지해 수평을 잡을 수 있었다. 횡량 중간 위쪽에는 구슬을 갖고 노는 용 두 마리가 있는데 구슬이 내려오고 올라가는 것에 따라서 물의 양을 측정해 균형 상태를 관찰할 수 있다. 기록에 따르면, "이런 것들은 모두 괜히 설치된 장치들이 아니다."고 하였다. 아마도 이전에 없었던 등루의 새로운 기술에 대하여 언급한 것으로 보인다.

등구燈毬(등루 안쪽에 위치한 둥글게 만든 기구)는 가지각색의 금은보석으로 제작되었고 내부는 4층으로 나누어져 있다. 맨 위층에는 사신을 배치했다. 일·월·삼수參宿(오늘날의 오리온자리 삼태성 별자리)·진수辰宿(온갖 성좌의 별들)의 위치에 맞도록 하루에 한 바퀴씩 왼쪽으로 회전한다. 그 아래층에는 용, 호랑이, 주작, 현무의 형상이 있다. 각자의 방위에 놓여 있으면서 시각에 따라서 뛰어 오르게 되는데, 이 때 안에서 요鐃(작은 징)가 울리면서 호응한다. 그 다음은 둘레를 백

---

1) 중국과학기술관 특별전(2012. 1)에 전시된 등루 모형.
2) 『제가역상집』 권3, 「의상」, 〈원사〉

각百刻으로 나누고 그 위에다 12신神을 배열해 놓고, 각각 시패時牌 하나씩을 손에 들고 있어 각자의 시각에 이르게 되면 네 개의 문에서 알려준다. 또한 한 사람은 문 안쪽에 있으면서 늘 손으로 그 시각의 숫자를 가리킨다. 맨 아래쪽 네 모서리에는 각각 종鐘, 고鼓, 정鉦, 요鐃를 들고 있는 사람들이 하나씩 있다. 1각刻이 되면 종이 울리고, 2각刻이 되면 북을 치고, 3각刻이 되면 징을 울리고, 4각刻이 되면 작은 징을 때리니 매 시진時辰마다 모두 소리가 울리게 된다. 기계장치는 궤櫃 안에 숨겨놓았으며, 수격으로 구동하였다.

등루에서도 구슬이 사용되지만, 흠경각루의 주전장치와 같은 역할은 아니다. 등루의 구슬은 천체를 상징하거나, 물의 수평을 맞추는 데 사용했다. 다만 동력 방식이 유사하고, 수격에 의해 기륜 등이 작동되는 유사성을 가지고 있다.

『원사』에 의하면 원 말기인 순제 때에 자동화된 기계시계가 제작되었다.[3] 기록에 따르면 순제 자신이 궁루를 제작하였는데, 그 높이는 약 6~7자, 너비는 높이의 절반에 해당한다. 나무로 큰 궤 하나를 만들어 각종 호壺를 그 속에 숨기고, 물이 위에서 아래로 흐르게 했다. 궤 위에는 서양의 삼성전三聖殿을 설치하였다. 궤 허리부분에는 옥녀玉女가 시각이 새겨진 주籌를 손에 받쳐 들고 서 있고, 시간이 되면 바로 물속에서 떠올라 위로 올라온다. 좌우로 각각 2명의 금갑신인金甲神人이 서 있으며, 하나는 종을 매달고 있고 다른 하나는 징鉦을 매달고 있다. 야간에 신인神人은 자동으로 경更에 따라 두드리는 소리를 낼 수 있으며 아주 미세한 차이도 나지 않는다. 종과 징이

3) 『원사』「순제기(順帝紀)」.

울릴 때, 측면에 있던 사봉獅鳳은 모두 날아다니며 춤을 추기 시작한다. 궤의 동서쪽에는 일월궁日月宮이 있고, 6명의 신선이 궁 앞쪽에 서 있다. 자시子時와 오시午時가 되면 신선은 스스로 나란히 앞으로 전진하여, 신선다리를 건너 삼성전에 도착한다. 그리고 얼마 지나지 않아 다시 원래 서 있던 위치로 돌아간다. 이 궁루는 정교하고 매우 훌륭하기 때문에 사람들은 이것을 전대前代에서는 보기 드문 것이라고 말하고 있다.

## 4. 옥루는 어떤 물시계인가?

흠경각루를 옥루로 부르기도 한다. 김돈의 〈흠경각기〉에 나오는 '옥루기륜玉漏機輪'의 문장 때문이다. 옥루로 기륜을 회전한다는 의미이다. 옥루는 물시계를 말한다. 따라서 옥루를 수차, 기륜, 가산 및 가산 위의 여러 잡상을 한꺼번에 지칭하는 용어로 사용하기에는 부적절하다. 1세대 과학사 학자들이 붙여준 옥루의 명칭을 지금에 와서 적절하지 않으니 고쳐야 한다고 주장하는 이들도 있다. 우리는 옥루를 흠경각루의 별칭으로 부르고 싶다. 이는 자격루의 공식 명칭인 '보루각루'가 있음에도 별칭을 사용하는 것과 맥을 같이 한다.

전통사회에서 물시계의 유수관을 사용할 때 일부분에 옥玉으로 마감하여 내구성을 높여 사용한 기록들이 있다. 따라서 옥루는 임금을 상징하는 의미도 있겠지만, 재질적인 특성이 반영된 명칭으로 생각된다. 어찌 되었건 흠경각루를 구성하는 요소의 하나로 옥루, 즉 다단형 물시계로 본다면 다른 구성요소들을 표현할 때 아주 자유로워 질 수 있다.

그림 3-5. 복원한 신라시대 물시계(장소: 신라역사과학관)

홈경각루는 3단의 대·중·소 파수호播水壺로 구성된다. 파수호는 물을 공급해준다는 의미를 갖고 있다. 그러므로 파수호로부터 공급받는 물 항아리를 수수호受水壺라고 부른다. 보루각루는 부전浮箭을 갖춘 2개의 수수호가 있지만, 홈경각루는 수수호를 갖추고 있지 않다.

우리나라에서 최초 물시계에 대한 기록은 『삼국사기』에 등장한다. 신라시대인 719년(성덕왕 17)에 누각漏刻을 만들고 누각전漏刻典을 설치해 누각박사 6인과 사 1인을 두었다. 749년(경덕왕 8)에는 천문박사 1인과 누각박사 6인을 누각전에 두어 관측을 통한 정밀한 시간측정을 하도록 했다(그림 3-5 참고).

한편, 중국에서 단급부전루單級浮箭漏(1단 파수호와 수수호)는 기원전 1세기에, 이급보상형부전루二級補償型浮箭漏(2단 파수호와 수수호)는 동한東漢(25~220) 초년에, 삼급보상형부전루三級補償型浮箭漏(3단 파수호와 수수호)는 4세기 중엽에, 칭루秤漏는 5세기에, 사급보상형부전루四級補償型浮箭漏(4단 파수호와 수수호)는 당나라 초기인 7세기에 제작된다(潘鼐, 2005). 물시계의 물통 수가 증가하는 것은 물의 유속을 일정하게 하기 위한 기술적 진보이다. 칭루에서 물에 뜨는 동분과 천형을 사용하고, 물시계의 파수호를 4단으로 사용한 것은 결국 일정한 유속을 유지하고 정밀한 시간을 측정하기 위한 것이다.

## 5. 유럽보다 빠른 탈진장치의 기원: 칭루

홈경각루의 수차를 제어하는 장치로 천형天衡이 있다. 천형은 일종의 저울장치이다. 소송蘇頌(1020~1101)의 『신의상법요新儀象法要』에 따르면 수운의상대水運儀象臺(1092년 제작) 내부에 설치한 수차水車(중국에서는 이를 추륜樞輪으로 부름)를 제어하기 위해 천형장치를 사용했다. 수차에 매달린 수수상受水箱에 담겨진 물의 무게를 측정하기 위해서였다. 이러한 천형장치의 기원은 5세기 북위北魏(386~534)의 이란李蘭이 제작한 칭루秤漏로 부터 기인한다.

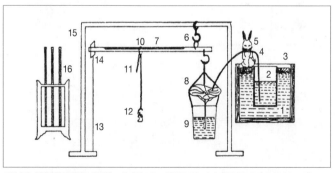

그림 3-6. 칭루 구조도 (潘鼐, 2005) 1: 수거(水柜), 2: 동분(銅盆), 3: 수박(水拍), 4: 갈오(渴烏),
5: 백토(白兔), 6: 철호문대철균(鐵胡門大鐵鈞), 7: 칭(秤), 8: 동복하(銅覆荷), 9: 동호(銅壺),
10: 전척(箭尺), 11: 대동환(大銅鐶)·저승(姐繩), 12: 권(權), 13: 계간(鷄竿), 14: 천하(天河),
15: 칭가(秤架), 16: 전(箭)

그림 3-6은 칭루 구조도이다. 동분(그림 3-6의 2, 이후 번호만 표시함)에 담긴 일정한 수위의 물이 갈오(4)를 통해 저울인 칭(7)에 매달린 동호(9)에 공급되면, 그 무게를 측정하여 시간이 얼마나 흘렀는가를 알 수 있다. 칭루는 물을 공급해 주는 파수호의 물을 일정한 수압을 유지할 수 있도록 물에 뜨는 물통(2)을 사용했다. 이 물통에서 공급된 물이 일정한 속도로 동호(9)로 담겨지도록 했다. 계속 물이 담기게 되면 저울장치에 매달린 추인 권(12)을 움직여 저울의 수평을 맞추어 시간의 경과를 알 수 있다. 시간이 흐를수록(물이 담겨질수록) 추의 위치를 왼쪽으로 이동시켜 수평을 맞춘다. 이러한 저울을 사용한 방법은 수운의상대의 수차제어시스템에 활용되었다.

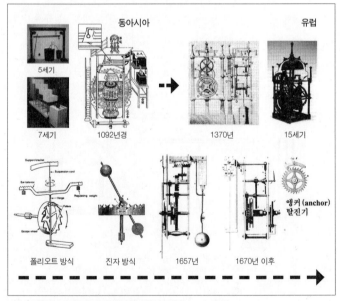

그림 3-7. 동아시아와 유럽의 시간카운팅 방법의 변천(Kim et al., 2016)

유럽에서는 기계시계의 정밀도를 높이기 위해서 탈진기escapement를 사용했다. 탈진기는 14세기부터 사용해온 것으로 1657년 호이헨스의 진자식탈진기가 적용되기전까지 폴리오트foliot 방식의 탈진기가 보편적으로 사용됐다. 그림 3-7은 물시계에 사용한 유량제어 방식이 14세기~17세기의 기계식 탈진장치로 변화되는 과정을 보여준다. 유럽에서 사용하고있는 탈진기의 역할은 이미 중국 등지에서 물을 제어하는 방식과 유사하다. 칭루와 같은 저울을 사용하거나 수호를 여러 단으로 배치하여 일정한 수위를 조정할 수 있는 방식은 이후 유럽에서 기계식 탈진기의 모습으로 발전되었다.


## 6. 수차와 천형장치

수차의 회전은 물이 아래로 쏟아지는 힘에 의해 작동한다. 문제는 수차의 회전을 일정하게 해주는 장치가 필요하다. 흠경각루의 동력방식은 수격식水激式이다. 물로 부딪혀 운행하는 방식을 말한다. 하지만 수차의 회전을 일정하게 유지하기 위해서는 반드시 일정량의 물을 흘려보내는 물시계가 필요했다. 이미 보루각루에서는 오버플로우 관을 만들어 물의 수위를 일정하도록 했다. 하지만 수차의 회전력을 담보할 두 가지 전제가 있어야 한다. 그것은 물의 양을 적절히 투입하여 수차의 회전력을 극대화 시켜야 하고, 수차가 일정한 속도로 운행하도록 제어해주어야 한다. 따라서 수차의 끝에는 물을 받는 물통 즉, 수수상을 설치했다. 또한 수수상에 담긴 물의 무게를 측정해 일정한 속도로 회전할 수 있도록 천형장치를 설치했다.

천형장치는 일종의 저울장치이다. 수수상에 담긴 물을 저울로 측정하여 일정량이 담기게 될 때 수차의 제동장치를 풀어 수차가 움직이도록 했다. 수차가 회전하게 되고 다시가 멈출 때 다시 수수상에 담긴 물을 측정한다. 이렇게 물시계의 물공급과 수수상의 무게를 측정하여 일정한 속도로 수차를 회전시킬 수 있었다. 천형장치와 수수상의 사용은 수차의 회전력을 일시에 얻고, 물의 낭비를 최소화 할 수 있는 최적화된 시스템으로 평가할 수 있다.

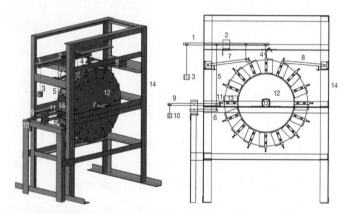

그림 3-8. 흠경각루 수차제어시스템 3D 모델링과 구조 명칭(Kim et al., 2016)
1:천형, 2:철협, 3:천권, 4:천관, 5:천조, 6:천형관설, 7:좌천쇄, 8:우천쇄, 9:추형, 10:추권, 11:격차, 12:수차, 13:수수상, 14:수차지지대

그림 3-8은 흠경각루 수차제어시스템 3D 모델링과 구조 명칭을 나타낸 것이다. 수차제어시스템은 수차, 제어장치, 수차프레임으로 구성된다. 수차에서 16개의 수수상(그림 3-8의 13, 이후 번호만 표시함)과 수수상판을 설계했다(22.5° 마다배치). 수수상은 사각형태의 수수상으로 구성하고 수수상판에 고정시켰다. 수수상판은 수차 측면의 둥근 원판

보다 조금 튀어나오게 구성했다. 이는 좌·우의 천쇄(7과 8)를 맞닿게 하는 역할을 하기 위해서이다. 또한 수수상판에 둥근 원형막대를 부착해 수수상의 무게를 감지하거나, 수차 제동에 활용되도록 하였다.

제어장치는 천형(1), 추형(9), 좌·우천쇄(7과 8)로 이루어져있다. 천형은 'ㄴ' 형태의 철협(2)에 끼워져 움직인다. 설계에서 천관(4)은 'ㄱ' 자형으로 구성했다. 이는 천정 부분에 위치한 수수상을 안정적으로 잡아주고, 수차가 회전 할 때 앞으로 밀어제치면서 운행하기에 편리한 구조이기 때문이다. 또한 천관에 홈을 내어 천관의 길이를 조정하거나 무게를 늘릴 수 있도록 하였다. 이러한 구성은 수차의 제어를 원활히 할 수 있도록 한 것으로 'ㅣ' 자형 천관보다 유리할 것으로 판단된다.

## 7. 두 가지 모델의 수수상

수차에 매달려 물시계로부터 물을 받는 장치가 수수상이다. 『신의상법요』에 나오는 수운의상대의 천형장치와 연동되는 수수상의 형태는 크게 2가지로 알려져 있다(그림 3-9 참고). 야마다게이지山全

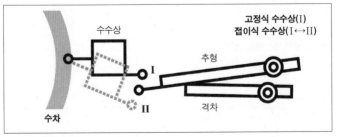

그림 3-9. 수수상의 2가지 모델의 작동(Kim et al., 2016)

慶兒와 츠치야히데오土屋榮夫(1997)는 이 수수상의 형태를 접이식flip-type으로 보았다. 접이식 수수상은 수차가 정지하고 있는 상태에서 수수상이 동작 할 수 있도록 하였다. 즉, 수차를 안정적으로 제동한 상태에서 수수상에 담겨진 물의 무게를 측정한 후 일정량의 물이 담겨졌을 때 수수상이 접혀지도록 하여 신호를 발생시켰다.

이와 다르게 손샤오춘孙小淳은 수수상의 형식을 고정식fixed-type으로 밝히고, 이에 따른 모델을 제시한 바 있다.[4] 손샤오춘은 중국 전통 방식의 수차형식에서도 접이식 수수상은 찾아볼 수도 없고,『신의상법요』에도 그러한 묘사를 찾아 볼 수 없다고 판단했다. 따라서 야마다 게이지와 츠치야히데오(1997)가 연구한 수수상 형태는 잘못된 형태로 밝히고 있다. 『신의상법요』에도 수수상의 개수가 36개 또는 48개 라는 언급만 있을뿐 수수상의 형식에 대해서는 언급하고 있지 않다.

그림 3-10. 『임원경제지』에 나오는 수차 형태

---

4) 손샤오춘(孙小淳)은 제28회 IAU General Assembly (국제천문연맹 학술회의, 2012년 8월 20일~31일, 중국, 북경)에서 특별전시한 수운의상대의 복원 모델에서 수차(추륜)에 매달린 수수상의 형식을 fixed-type으로 소개하였다.

우리나라의 전통적인 수차에도 수수상에 대하여 고정식과 접이식에 대한 명확한 설명이 나와 있지 않다. 그림 3-10은 『임원경제지林園經濟志』에 나오는 한국의 전통수차 모습이다. 일반적인 수차의 형태는 물을 받아 수차를 회전시키고, 그 동력을 전달하거나 회전력을 이용하는 구조를 보여준다. 때로는 물을 위쪽으로 옮겨주는 역할도 하며, 물을 상부로 끌어올리기 위해 원통의 그릇이 부착되기도 한다. 이러한 원통형 그릇은 수수상의 한 형태로 볼 수 있는데, 접혀지거나 움직이는 형태가 아니라, 고정된 형식을 취하고 있다.

세종대의 흠경각루가 제작된 후 300여 년이 지나고 만들어진 홍대용의 혼상의渾象儀에는 수수상과 철척鐵尺을 사용하여 수차의 회전을 제어했다 (박제훈, 2011; Lee et al., 2013). 천형장치 대신 탄성력을 갖는 철척을 이용하고 있는데, 이때 수수상의 모습은 고정된 형식이었다. 전상운(1994)은 세종시대에 성행한 수차가 통차筒車라고 밝히고 있으며, 17세기에 제작한 이민철의 혼천시계에 사용한 수차의 형식도 통차라고 언급하였다. 『임원경제지』의 통차 구조를 살펴본 결과 물 받는 부분이 고정되어 있음을 확인 할 수 있다. 이러한 상황을 미루어 볼 때 흠경각루의 수차는 통차 형태처럼 고정식 수수상이 활용되었을 가능성이 높다.

# IV

# 11세기 거대한 시계탑: 수운의상대

## 1. 소송의 『신의상법요』

『신의상법요新儀象法要』는 총 3권으로 구성되며 북송北宋의 소송蘇頌(1020~1101)이 편찬했다. 소송의 자字는 자용이고 남안南安(지금의 복건성 동안현) 사람이며 후에는 단도丹徒(지금의 강소성 단도현)로 이사했다. 1042년(경력 2)에 진사를 지냈고, 우부사右仆射와 중서문하대랑中書門下待郎을 겸하였다.

『신의상법요』는 혼의를 개수하여 제작하는 원우元祐(1086~1094) 연간 사이에 편찬하였을 것으로 알려져 있다. 그런데 우무尤袤 (1127~1194)의 『수초당서목遂初堂書目』에서는 이것을 『소성의상법요紹聖儀象法要』라고 칭했다. 『송사』「예문지」에는 『의상법요』1권이 있고 주석 또한 소성년간(1094~1098)에 만들었는데 이것은 이 책을 소성 초년에 완성하였기 때문이다(陆敬严과 钱学英, 2007).

기록에 따르면, 당시에 혼의를 개수하려 했기에 소송을 제거관提
擧官으로 임명하여 이 일을 겸하게 하였다. 소송은 율법과 수학에 정
통하였다. 그는 수학과 천문을 좋아하고 독특한 견해를 가지고 있는
이부영사吏部令史 한공렴韓公廉을 알게 되어 황상皇上에게 그를 임용
하도록 주청했다. 소송은 전통적으로 내려오던 의상儀象의 제작 방
법을 채용하였으며 3층 규모로 건축하였다.

윗 층은 혼의, 중간층은 혼상, 아래층은 주야기륜을 두었으며 하
나의 동력으로 연결하여 운행시켰다. 수력으로 동력을 발생하여 기
륜을 회전시켰으며, 사람의 힘을 빌리지 않고 사신들이 나와 시간을
알려주도록 했다. 북송대 엽몽덕葉夢德(1077~1148)의 『석림연어石林燕

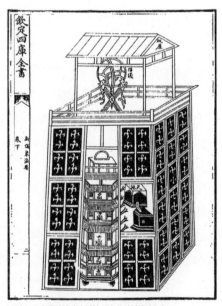

그림 4-1. 수운의상대의 외형 모습(『신의상법요』)

語』에서도 소송이 만든 이 의기에 대한 제작의 정교함이 과거 사람들을 뛰어넘는다고 평가했다. 소송의 학문 일부분은 역법을 주관하는 관원 동관정冬官正인 원유기袁惟幾에게 전수하였다. 그러나 이 의기의 구체적인 제도는 소송의 자손에게도 전수되지 못했다.

『신의상법요』의 머리말인「진의상장進儀象狀」에는 수운의상대의 제작상황 등이 기술되어 있다. 상권은 "혼의"부터 "수부"까지 총 17개의 그림 목차가 있고, 중권은 "혼상"부터 "동지효중성도"까지 총 18개의 그림이 목차가 있으며, 하권에는 "수운의상대"부터 "혼의·규표"까지 총 25개의 그림에 대한 목차가 나와 있다. 하지만 실제 그림을 세어보면, 중권은 17개만 있고, 하권은 27개의 그림이 있어 다소 차이가 있다. 그림 뒤에는 각각 설명이 적혀 있다. 료징에엔陆敬严과 치엔시에영钱学英(2007)에 의하면, 당시는 조서를 써서 황상께 받쳐야 했기 때문에 이 책에는 혼의의 제작법과 관측 방법 등이 모두 상세하게 기술했다고 한다.

한편 조선 초기 이순지의 저술인『제가역상집』에 따르면, 북송대의 자동물시계인 수운의상대에 대한 내용이 기술되어 있다.[1] 따라서 동시대 인물이었던 장영실은 수운의상대에 대한 충분한 검토와 분석이 있었음을 미루어 짐작할 수 있다. 아마도 장영실은 흠경각루의 동력과 시보시스템의 구상에 있어 먼저 개발된 보루각루의 작동 메커니즘에 대한 첨삭을 가하여 전혀 새로운 형식의 물시계를 개발하였던 정황으로 이해된다.

수운의상대는 물시계, 수차, 천형시스템, 시보시스템(주야기륜 및

---

1) 『제가역상집』 권3「의상」〈금사〉.

목각 내부의 작동장치), 혼의, 혼상이 함께 들어 있는 종합적인 천문시계의 역할을 했다. 조선 초기의 수격식 혼의·혼상이 운영되고, 수격식 흠경각루가 제작된 것은 수운의상대를 모티브로 하여 두 가지 형식의 새로운 시계장치로 분리하고자 했던 기술적 성과라고 할 수 있다.

## 2. 외형 모습과 내부장치들

수운의상대의 구조는 상하 이층 구조 사각형의 탑 형식이다. 윗면은 좁고 아랫면은 넓게 되어 있다. 네 면은 큰 단향목을 사용해 주 기둥을 만들고 각 주와 주 사이엔 횡량橫梁을 사용해 서로 연결했다. 김상혁 등(2012)은 수운의상대의 외형, 내부의 혼의와 혼상, 주야기륜, 추륜, 물시계 및 승수상·하륜에 대하여 다음과 같이 소개하였다.[2]

### 1) 수운의상대 외형

사면은 큰 단향목枋木을 사용해 주자柱子를 만들었고, 네 개의 각각 주와 주 사이는 목판木板을 이용해 벽을 만들었다. 아랫면에 횡목을 설치하고 윗면에 목반을 깔았으며, 대의 안에는 계단을 설치했다. 다시 두 층으로 나누는데, 상층은 남북으로 각각 한 개의 문이 나있고 하층은 남쪽으로 두 개의 문이 나있으며, 각각 두 짝으로 된 문이 있다.

---

2) 김상혁, 함선영, 임현주(2012)의 『신의상법요』 번역 및 검토 자료를 활용함.

## 2) 혼의와 혼상

상층에 혼의를 놓는다. 혼의는 3층 구조이며 육합의, 삼신의, 사유의이다. 혼의가 설치된 곳의 위 천장을 목반으로 덮어 자유롭게 열수 있는 지붕을 만들었다. 육합의는 천규天規인 음경쌍환陰經雙環이 수직으로 놓여있으며, 지혼地渾인 양위단규陽緯單規가 수평으로 놓여있다. 천운환이 설치되어있다. (천운환은 새롭게 만들었다) 혼상과 목지궤木地櫃는 서로 연결되어있으며 대의 중간에 사이를 두고 놓여있다. 혼상도 천경쌍규가 있으며, 목지궤 중간에 수직으로 놓여있다. 반은 지궤면 위에 노출되어 있고 반은 지궤 안에 숨겨져 있다.

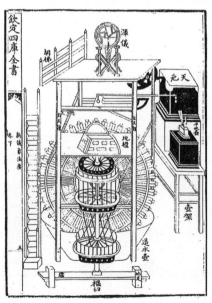

그림 4-2. 수운의상대의 내부 모습(『신의상법요』)

하나의 지혼단규는 지궤면 위에 놓여있다. (궤의 맞닿은 부분과 혼상과 같은 의기는 오늘날『진서』「천문지」를 본 떠 새로 만든 것이다).

### 3) 주야기륜: 시보장치

대내台內의 위쪽에 주야기륜晝夜機輪이 설치되어있으며, 모두 여덟 개의 층으로 구성된다. 이를 하나의 기륜 축을 이용해 연결한다. 1층은 천륜天輪이라 부르며 천속天束의 위에 설치되어 있다. 혼상적도아渾象赤道牙와 서로 연결되어 있다. 2층은 발아기륜拔牙機輪이라 부르고, 3층은 시각종고륜時刻鐘鼓輪이라 부른다. 4층은 시초정사신륜時初正司辰輪이라 부르며, 5층은 보각사신륜報刻司辰輪이라 부른다. 6층은 야루금정륜夜漏金鉦輪이라 부르며, 7층은 야루경주사신륜夜漏更籌司辰輪이라 부른다. 제일 아래층인 8층은 야루전륜夜漏箭輪

그림 4-3. 5층 목각(왼쪽)과 8층 주야기륜(오른쪽) (『신의상법요』)

이라고 부른다.

주야기륜 밖으로 다섯 층의 반을 목각木閣이 가리고 있다. 매 층은 모두 문이 있으며, 목인木人들이 문안에서 출입하는 것을 볼 수 있다. 1층의 목인들은 매시 초初일 때 왼쪽 문 안에서 방울을 흔들고, 매 각刻(하루를 100등분한 100각을 알림)일 때 중간 문 안에서 북을 치고, 매시 정正일 때 오른쪽 문 안에서는 종을 친다. 2층 목인들은 매시 초와 정을 알리기 위해 나온다. 3층 목인은 각이 되면 알려준다. 4층 목인은 야간에 금정金鉦(금으로 된 징)을 친다. 5층 목인은 야간의 경주전更籌箭을 알려준다.

표 4-1. 8층 주야기륜의 주요 용도

| 층 | 주야기륜 | 주요내용 | 목각 |
|---|---|---|---|
| 1 | 천륜<br>天輪 | 혼상 위의 적도아(赤道牙)를 돌리는데 사용 | |
| 2 | 발아기륜<br>拔牙機輪 | 톱니가 있고 천주의 중륜으로 동력을 전달 받아 상하의 일곱 개의 기륜을 운행 | |
| 3 | 시각종고륜<br>時刻鐘鼓輪 | 시초(時初), 시정(時正), 백각(百刻)이 새겨져 있으며, 발아가 설치되어있음. 종을 치고, 북을 치며, 방울을 흔드는데 사용. 주시종고륜(晝時鍾鼓輪) | 1층<br>(종인,<br>고인,<br>정인) |
| 4 | 시초정사신륜<br>時初正司辰輪 | 시초를 알려주는 12개의 사신(司辰) 목인(木人)과 시정을 알려주는 12개의 사신 목인이 걸려 있음 | 2층 |
| 5 | 보각사신륜<br>報刻司辰輪 | 백각을 알려주는 사신 목인이 걸려 있음 | 3층 |
| 6 | 야루금정륜<br>夜漏金鉦輪 | 발아가 설치되어 있으며, 야간의 금정(金鉦, 금으로 장식한 징)을 치는데 사용 | 4층<br>(금정인) |
| 7 | 야루경주사신륜<br>夜漏更籌司辰輪 | 일출, 일입, 황혼, 천명(天明), 대단(待旦), 경주(更籌) 등을 알리는 사신 목인이 설치됨 | 5층 |
| 8 | 야루전륜<br>夜漏箭輪 | 금정야루전륜(金鉦夜漏箭輪)을 지탱하는데 사용 | |

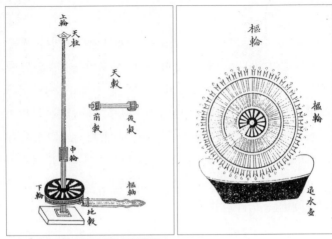

그림 4-4. 추륜(왼쪽)과 천주(오른쪽) (『신의상법요』)

### 4) 추륜과 천주: 동력전달장치

8층의 주야기륜 북측엔 한 개의 추륜이 설치되어 있으며, 추륜에는 72개의 바퀴살이 있는데 36개로 합쳐지며, 3개의 링으로 둘러져 있다. 여기에 36개의 수수호를 장착한다. 바퀴(추륜)의 중심은 철로 만들어진 하나의 추축이 횡으로 관통하고, 축은 남북방향으로 뻗어있다. 남쪽은 지곡이며 지륜(천주 하륜)을 회전시킨다. 천주 중륜은 기륜을 움직이게 하고, 이를 통해 혼상을 움직인다. 천주 상륜은 혼의를 움직이게 한다.

### 5) 물시계 및 승수상·하륜: 물공급장치

추륜의 왼쪽에 하나의 천지와 평수호가 설치되어있다. 평수호는

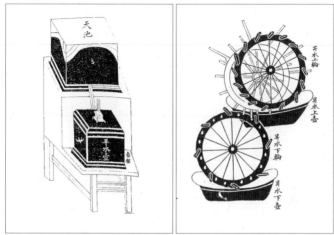

그림 4-5. 물시계(왼쪽) 및 승수상·하륜(오른쪽) (『신의상법요』)

천지의 물을 받아 수수상에 주입하며 추륜을 움직이는데 사용한다. 수수상의 물은 퇴수호로 유입되며, 다시 퇴수호 아랫부분 북면의 작은 구멍으로 승수하호升水下號에 유입된다. 승수하륜升水下輪은 물을 승수상호升水上號에 넣는다. 승수상호안의 승수상륜과 하차河車(사람이 직접 회전시키는 수차)를 동시에 회전시키면 승수상·하륜에 의해서 물이 천하에 담기고, 천하의 물은 다시 천지로 유입된다. 이렇게 반복하면 회전이 멈추지 않는다.

## 3. 『신의상법요』의 혼의·혼상 약사

김상혁 등(2012)은 『신의상법요』의 혼의와 혼상 역사에 대하여 다

음과 같이 소개 하였다.[3]

## 1) 혼의

혼의 구조는 삼층 구조이다. 1층은 육합의六合儀라고 부른다. 천경天經, 지혼地渾으로 구성되며, 서로 수직으로 놓여있다. 육합의는 고정된 구조이다. 2층은 삼신의三辰儀라고 부른다. 육합의 안에 위치한다. 3층은 사유의四游儀라 부른다. 삼신의 안에 놓여있다.

육합의는 육합이라고도 부르는데 상하上下, 사방四方, 천지天地의 전체를 상징하기 때문이다. 천경이라고도 부르는데 지혼과 상대되기 때문이다. 또한 육합을 양경환陽經環이라고 부르는데, 이는 지혼을 음위환陰緯環이라고 부르기 때문이다.

지혼 아래의 사유四維에 사근용주四根龍柱를 끼워 넣었다. 각 근주는 모두 용을 조각하여 둘러싸고 있어 용주龍柱라고 부른다. 육합의 아래에 오오鰲를 설치하고, 운기雲氣의 조각물을 이용하여 육합의를 지탱한다. 운雲 아래에 오형鰲形의 받침대가 있어 오운鰲雲이라고 불렀다. 네 개의 용주 밑에 십자형태의 수로를 설치하고, 윗면에 물이 통하는 수평을 취했다. 그밖에 육합의 안에 천상단환天常單環을 설치했다.

삼신의 내부에 황도쌍환黃道雙環, 적도단환赤道單環이 설치되어 있다. 황적도는 동서로 교차되어 있으며, 하늘을 따라 돌고, 각 성수들의 운행을 검증한다. 사상환부는 삼신의 안에 설치되어 있고, 천운환 및 황적도와 동서가 교차하여 연결되어 있다. 두 개의 직거를

---

3) 김상혁, 함선영, 임현주(2012)의 『신의상법요』 번역 및 검토 자료를 활용함.

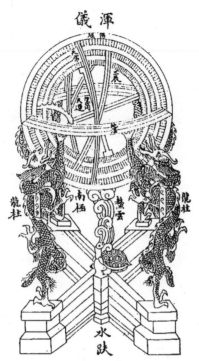

그림 4-6. 수운의상대 혼의 (『신의상법요』)

만들어 사유의 안에 세로로 설치한다.

삼신의 북단은 육합의의 지혼 위와 연결되어 있으며, 북극의 높은 지평면의 각도를 맞추어 설치해야 한다. 남단은 육합의의 지혼 아래와 연결되어 있으며, 남극이 지평면에 들어가는 각도를 맞추어 설치한다. 직거 안에는 한 개의 망통이 끼워져 있으며, 망통 중간에는 관管 축이 설치되어 있고 상하로 움직이며 사방 성신의 도수를 관측한다.

당대唐代의 이순풍이 제작한 혼의는 육합의, 삼신의, 사유의의 3

층 구조로 되어있다. 육합의는 금혼위규金渾緯規(지평)의 제작방법인데, 전조前趙의 유요劉曜(?~329)때에 공정孔挺은 사유의를 더했으며, 『상서』「순전」에는 선기璇璣(사유의)와 옥형玉衡(망통)이 널리 알려진 제작방법이었다. 송대宋代 경덕景德(1004~1007) 연간에 한현부韓顯符(940~1013)는 이순풍의 육합의와 사유의를 채용하였는데, 삼신의와 황적도를 육합의 안에 옮겨 놓은 것은 공정의 제법과 같았다. 황우皇祐(1049~1054) 연간이 되었을 때, 다시 황적도를 삼신의 안에 옮겼다. 현재는 이순풍의 3층 제법을 채용하였으며, 삼신의 위에 천운환을 설치하였고, 수력을 이용해 천운환을 움직이게 하였다.

수력으로 돌리는 방법은 한대漢代의 장형張衡(78~139)이 시작하였으며, 당대唐代의 양영찬梁令瓚과 승려 일행一行(683~727)에게서 완성되었다. 송대 태평흥국太平興國(976~984) 연간에 장사훈張思訓이 다시 사용하는 방법이다. 한공렴이 이제 그 방법을 개정하여 천운환을 설치하고, 아래의 천주 위의 기륜(상륜)이 혼의를 움직이게 한다.

## 2) 혼상

혼상은 태사국에 원래 없고 현재 수대隋代의 방법을 따라 첨삭하고 개선하여 만들었다. 혼상 위에 28수, 주천도 및 자미원, 중외관성이 표시되어 있으며, 일월과 오성의 움직임을 관찰하는데 사용하였다. 이것을 육합의에 해당하는 천경환, 지혼환地渾環 안에 두고 바깥 둘레를 하나의 목궤를 이용해 받치고 있다. 궤 중간에 추축樞軸이 관통하고 있으며, 축의 남북은 혼상 밖에 노출되어있다. 극축은 남쪽은 길고, 북쪽은 짧다.

지혼은 목궤면과 수평으로 놓여있으며, 이는 지평면을 상징한다. 천경은 지혼과 서로 연결되어 있으며 반은 지혼 위에 드러나 있고, 반은 지혼 아래에 숨겨져 있으며 이는 천체를 상징한다. 혼상의 추축 북단은 천경환의 상강上杠(위의 막대기) 중간과 관통하며 추축 끝과 강은 서로 평행하다. 궤의 밖으로 35도 소약少弱(2/12)[4]으로 노출되어 있으며, 이것은 북극이 지면보다 높다는 것을 의미한다. 추축의 남단 역시 천경환을 뚫고 지나가며, 하강下杠(아래의 막대기) 밖으로 뚫고 나온다. 궤 안의 35도 소약으로 들어가 있다. 이것은 남극이 지면에 들어가 있다는 것을 상징한다.

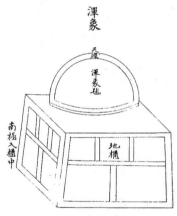

그림 4-7. 수운의상대 혼상 (『신의상법요』)

---

4)  세종대왕기념사업회(1986)에서 편찬한 『세종학연구 1』에 따르면, 고대 중국에서 정수 미만의 표시 방법을 다음과 같이 제시하고 있다. 약(弱, 11/12), 태강(太强, 10/12), 태(太, 9/12), 태약(太弱, 8/12), 반강(半强, 7/12), 반(半, 6/12), 반약(半弱, 5/12), 소강(少强, 4/12), 소(少, 3/12), 소약(少弱, 2/12), 강(强, 1/12). 예를 들면 365와 1/12는 365강(强)이고, 365와 11/12은 366약(弱)이 된다.

혼상 위의 적도에 478개의 톱니(기어)가 있다. 천륜과 서로 연결되어있으며 기륜의 지곡地轂을 따라 회전한다.『수서』「천문지」에 따르면, 혼상의 구조를 보면 기機는 있으나 형衡은 없다. 양대梁代 말기에 비부祕府(궁중 안에서 도서나 비밀기록 등을 보관했던 장소)에 있었고 나무로 제작되었다. 그 모양은 탄환처럼 둥글고 많은 환으로 둘러있다. 남북 양끝에는 축이 있다. 둥근 구球 위에는 28수, 삼가성, 황도, 적도와 은하수 등을 표시했다. 둥근 구의 바깥으로 또 하나의 환이 횡으로 둘러싸고 있으며, 지평면의 상하 반으로 구성된다. 축의 남단은 지혼환에 끼워져 있고, 남식南植(식植은 기둥을 뜻함)에 주입하며 남극을 상징한다. 축의 북단은 지혼환 위에 세워져 있고, 북식北植에 끼워져 있으며 북극을 상징한다.

이 혼상이 동에서 서로 회전할 때, 청신淸晨(맑은 첫새벽)과 황혼黃昏(어두운 저녁 무렵)시 중천에 다다른 모든 별들과 그들의 도수는 정확하게 상응하며, 이분점(춘분, 추분), 이지점(하지, 동지)과 24절기 모든 위치가 잘 들어맞아 실제의 상황과 조금도 차이가 없다. 현재 제작한 의기는 대부분 이러한 방식을 모방한 것인데, 양영찬과 장사훈의 제작 방법을 간소화한 것으로, 주천은 365도이고, 일월오성이 운행하도록 했다.

왕번王蕃이 말하길, "혼상의 제법은 땅은 응당 하늘 안에 포함되어야 하는데, 이것을 만들기는 너무 어렵다. 그래서 하늘과 땅을 뒤집어 외면평外面平에 있는 궤정櫃頂을 지평면으로 하였다." 이 부분을 이해한다면 두 사람의 본질적인 차이는 없다고 생각한다. 혼상 표면은 괴상망측한 모양이지만, 원리에 맞게 매우 교묘하다고 할 수 있다. 현재 지혼을 혼상 밖에 놓은 것이 바로 왕번의 발명에서 나온 것이다.

## 4. 천형장치의 작동메커니즘

그림 4-8은 수운의상대에 나오는 천형장치이다. 수운의상대에는 2개의 천형장치가 있다. 첫번째 천형장치는 수차(추륜)에 매달린 수수상의 무게를 측정하여 신호를 발생시키는 역할을 한다(『신의상법요』에서는 이 장치를 '추형'이라고 부름, 이후 '추형장치'로 표기함). 두번째 천형장치는 추형장치로부터 발생한 신호에 따라 수차의 운행을 제어하도록 하였다.

천형의 작동메커니즘은 다음과 같다. 추형의 격차(그림 4-8의 9, 이후 번호만 표시함)는 수차의 수수상에 담겨진 물의 무게를 감지한다.

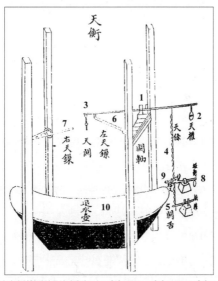

그림 4-8. 수운의상대의 천형장치(『신의상법요』) 1:철협(鐵頬), 2:천권(天權), 3:천관(天關), 4:천조(天條), 5:천형관설(天衡關舌), 6:좌천쇄(左天鎖), 7:우천쇄(右天鎖), 8:추권(樞權), 9:격차(格叉), 10:퇴수호(退水壺)

수수상에 물이 점점 담기게 되면 격차는 천형관설(5)을 누르게 된다. 이때 천조(4)가 천형을 잡아담기게 되어 천관(3)과 좌천쇄(6)는 위쪽으로 올려지게 된다. 수차는 회전하고 다시 천관과 좌천쇄는 수차를 제동한다. 이러한 운행을 반복하여 수차의 회전을 제어한다. 우천쇄(7)는 수차의 역회전을 방지하는 역할을 한다. 천형의 무게추는 천권(2)이고, 추형의 무게추는 추권(8)이다. 천형 중간에는 철로 제작한 축이있어 철협(1)에 끼워져 있다. 수차의 수수상에서 쏟아진 물은 퇴수호(10)에서 담긴다.

## 5. 동아시아 각국의 수운의상대 복원 현황

11세기 최고의 시계탑인 수운의상대를 복원하려는 연구는 중국을 중심으로 끊임없이 진행되었다(그림 4-9 참고). 중국내 크고 작은 박물관에는 수운의상대의 복원 모형을 어렵지 않게 찾아 볼 수 있다. 하지만 제작된 대부분의 것들은 실제로 운행하는 것이 아니라 전시를 위한 형태로 제작되었다. 또한 그 규모는 대부분 축소하여 만들어 졌다.

실제크기(높이 약 12 m)의 작동 모델로 처음 제작을 시도한 곳은 대만 타이중 소재의 자연과학박물관이다. 1993년에 제작한 이 거대한 시계탑은 박물관의 학예연구사들의 노력으로 완성되었다. 이후 1997년에 일본 나가노현 소재의 시계과학관에도 실물크기의 수운의상대가 제작되었다. 2011년에는 중국 복건성의 동안과학기술관도 실물크기의 수운의상대가 제작되었다. 이상의 3건의 수운의상대는 니덤 등 J. Needham et al.(1986)의 접이식flip-type 수수상 방식을 따르고 있다.

그림 4-9. 작동 모델로 복원된 수운의상대 1:자연과학박물관(대만, 타이중), 2:시계과학관(일본, 나가노현), 3:동안과학기술관(중국, 복건성), 4:중국과학기술관(중국, 북경), 5:중국국가천문대(중국, 북경)

2012년 중국에서는 두 개의 수운의상대를 더 만들었다. 하나는 중국과학기술관의 전시를 위해서 만들었고, 다른 하나는 제28회 IAU General Assembly(국제천문연맹 학술회의, 2012년 8월 20일~31일, 중국, 북경)에서 세계 과학자들에게 공개할 목적으로 제작되었다. 특이한 것은 후자의 경우 기존의 접이식 수수상 방식을 탈피한 고정식Fixed-type을 채택한 것이다. 이 연구 프로젝트의 책임은 중국과학원 자연과학사연구소의 손샤오춘孙小淳이었다. 그는 중국 칭화대의 연구팀과 공동으로 기존 수운의상대의 문헌과 작동원리를 새롭게 구성하여 당시 IAU 학술회의장에서도 많은 호평을 받았다. 최근 이 수운의상대는 중국국가천문대로 이전해 설치되었다.

표 4-2. 수운의상대 복원 모델 현황

| No. | 복원기관 (국가, 도시) | 복원 년도 | 제작 비율 | 설치 장소 | 수수상 형식과 개수 | 물공급 및 구동 방식 |
|---|---|---|---|---|---|---|
| 1 | 자연과학박물관 (대만, 타이중) | 1993 | 1:1 | 실내 | 접이식, 36 | 물공급: 자동 급수 추륜: 수격식 시보기륜: 전동식 |
| 2 | 시계과학관 (일본, 나가노현) | 1997 | 1:1 | 실외 | 접이식, 36 | 물공급: 자동 급수 추륜: 수격식 시보기륜: 전동식 |
| 3 | 동안과학기술관 (중국, 복건성) | 2011 | 1:1 | 실외 | 접이식, 36 | 물공급: 자동 급수 추륜: 수격식 시보기륜: 추륜 동력 |
| 4 | 중국과학기술관 (중국, 북경) | 2012 | 1:2 | 실내 | 접이식, 36 | 물공급: 자동 급수 추륜: 수격식 시보기륜: 전동식 |
| 5 | 중국국가천문대 (중국, 북경) | 2012 | 1:3 | 실내 | 고정식, 36 | 물공급: 자동 급수 추륜: 수격식 시보기륜: 추륜 동력 |

표 4-2는 동아시아 각국이 제작한 수운의상대 복원 모델 현황이

다. 1993년부터 2011년까지 제작한 복원 모델은 실물크기로 제작되었지만, 2012년에 제작한 2개의 수운의상대는 1/2과 1/3의 축소 형태로 제작됐다. 위에서 제시한 복원 모델은 모두 수격방식으로 추륜樞輪(수수상이 매달려 있는 수차)이 작동한다. 하지만 주야기륜의 작동은 중국 동안과학기술관과 중국국가천문대의 것을 제외한 3건은 모두 전동식을 취하고 있다. 이는 복원 모델의 제시 뿐 만 아니라 전시를 통한 볼거리 제공이 주요한 목적이기 때문이다. 물 공급에 있어서 대만의 자연과학박물관의 것은 제작 초기 인력으로 공급해주었으나, 이후 자동 급수로 바뀌었다. 다른 4건의 경우도 전시를 위해 자동 급수 형식으로 운영되고 있다.

## V.
# 천문유산 그리고 과학산책

## 1. 함께 숨 쉬는 우리의 과학문화재

현대사회가 생활이 윤택해지고 주 5일제 근무가 정착됨에 따라 박물관이나 과학관, 전시행사 등을 찾는 가족 단위 참여자들이 점차 늘고 있는 추세이다. 이제 3만 달러 이상의 1인당국민소득이 현실화되고 수명연장 및 복지사회의 길이 멀지 않은 미래가 되었다. 이러한 마음의 풍요로움을 담아 우리 주변에서 숨 쉬어온 찬란했던 우리 과학의 모습과 복원한 과학문화재에 대해 살펴보도록 하자.

### 1) 과학문화재가 복원되기까지

현대사회에서 언제부터인지 과학적 특성 및 원리를 갖는 유물이나 문화재를 흔히 '과학문화재'라고 부르고 있다. 그리고 교과서나 일반서적 등에서 찾아봤던 첨성대, 자격루, 측우기, 앙부일구(해시계) 등을 떠올리게 한다. 이러한 과학문화재에는 우리나라가 농업국가임을 잘 반영하듯이 농업과 관련한 유물들이 상당수 있다. 또한 농업사회에 있어 씨를 뿌리거나 수확의 시기를 알려주어야 했으므로 천문을 살펴 시간을 제정하는 일과 계절(절기)을 배치하는 일은 전통사회에서는 매우 중요한 이슈가 되었고 천문의기의 제작은 반드시 필요했다.

흔히 과학문화재의 복원復元을 복제複製나 모사模寫로 혼용해서 사용하고 있다. '복제'는 어떤 사물을 그대로 본떠서 만드는 것을 의미한다. 따라서 복제는 'imitation'의 의미를 담고 있다고 할 수 있으며, 보통 모조품, 위조품을 의미한다. '모사'는 사물이나 그림을 그대로 본떠서 그리는 것을 의미한다. 따라서 모사는 'copy'의 의미를 담고 있으며 흔히 그림의 복제를 모사라고 하면 맞을 것이다. 이에 반해 '복

그림 5-1. 복원한 일성정시의(장소: 한국천문연구원)  그림 5-2. 복제된 신라시대 첨성대(장소: 국립중앙과학관)

원'은 '원래대로 회복되는 것'을 의미한다. 훼손된 부분을 원래대로 복원하는 경우도 있고, 유실된 유물을 다시 복원하는 경우도 있다.

조선시대의 독창적인 시간측정기에 '일성정시의'라는 것이 있었는데, 임진왜란 등의 전란을 겪은 후 유실되어 그 유물의 형태나 구조를 정확히 알 수 없었다. 일성정시의는 세종이 직접 제작법과 원리를 설명한 것으로도 유명하다. 일성정시의는 낮과 밤에 시간을 측정하는 것으로 보루각루의 시각교정 등의 역할을 수행했다. 일성정시의는 1996년에 연구와 설계 작업 등을 거쳐 복원되었다. 이후 용주의 모양을 조금씩 달리한 복원품도 제작되었다. 첨성대의 경우 원래의 유물은 경주에 소재하고 있으나 대전에 위치한 국립중앙과학관이 새롭게 개관(1990년)하면서 실물 크기와 똑같은 또 하나의 첨성대가 복제되었다. 새롭게 축조된 첨성대를 복제라고 한 것은 이미 그 유물이 있고 이것을 그대로 본떴기 때문이다. 우리는 앞으로 복원과 복제의 용어 사용에 있어 그 의미를 잘 판단하여 사용해야 한다.

우리는 과학문화재의 복원이 복제와는 달리 많은 연구결과를 수반해야만 한다는 것을 깨닫게 되었다. 현재 존재하는 유물을 복제하기 위해서는 유물의 특성과 재질 등의 연구가 기본적으로 수반되어야 한다. 동시에 유물의 손상을 막으면서 어떻게 똑 같이 만들어 낼 수 있을지 고민해야 한다. 이와 조금 다르게 유물 복원은 복제시 수반되는 유물의 특성과 재질 등의 연구를 포함하면서, 문헌연구와 유사한 유물에 대한 국내외 조사, 형태를 알 수 없는 부분은 새롭게 디자인하는 작업(유물형태 추정작업) 등이 필요하다. 그리고 전문가들의 자문과 고증 작업도 빠져서는 안되는 핵심과정이라고 할 수 있겠다. 또한 보고서 작성과 논문 작성은 과학문화재 복원과 함께 수반되는 일이 되어야만 한다.

유물의 복원은 문헌 자료를 연구하여 형태가 있도록 디자인하는 작업이 필요하다. 디자인 작업은 그 유물이 발견되기 전까지는 복원의 한 과정으로 보아야 할 것이다. 그리고 새롭게 표현되는 디자인 자체도 포괄적으로 자문과 고증의 대상이라고 할 수 있다. 과학문화재 복원일 경우 과학적 특성이나 원리가 명백해야 하므로 그 분야의 최고의 전문가 들이 참여해야 한다. 과학문화재의 복원을 추진하는 곳이나 재원을 담당하는 곳은 가능하다면 공공성격이 강한 기관이어야 한다. 왜냐하면 일반 업체가 과학문화재를 복원할 경우 공공성과 상업성의 충돌이 발생할 수 있기 때문이다. 복원한 유물이 채 1년도 못 버티고 새로운 연구결과와 새로운 디자인 형태로 바뀔 수 있음을 항상 염두해 두고 있어야 한다. 이러한 과학문화재의 복원과정을 이해하기 쉽도록 그림 5-3에 나타내었다.

그림 5-3. 과학문화재의 복원과정

과학문화재를 복원하기 위한 단계 중에서 자료수집 과정에는 문헌연구와 유물조사 단계가 있다. 우선 문헌연구를 위해 국·내외 모든 관련 문헌을 수집하도록 한다. 고문헌으로는 『삼국사기』, 『삼국유사』, 『고려사』 「천문지」, 조선왕조실록, 『승정원일기』, 『증보문헌비고』 「상위고」, 『서운관지』, 『국조보감』, 『제가역상집』, 『천동상위고』 등이 있다. 또한 관련된 저술이나 논문, 보고서 등의 자료를 수집하여 연구하도록 한다. 유물조사 단계에서는 유물의 실측작업을 수행하며, 유물의 사진자료나 기타 영상장비를 이용한 촬영으로 유물 분석시 필요한 자료를 만들어 낸다. 또한 비교적 유물에 피해가 없는 비파괴조사를 실시하여 재질분석이나 수리흔적, 접합기술 등의 정보를 얻도록 한다.

자료수집 과정을 마치게 되면 분석 단계로 넘어간다. 문헌연구와 유물조사 결과를 바탕으로 복원할 과학문화재의 과학적 특성 및 구조적 특징을 연구한다. 유물이 갖고 있는 사회적 요인과 문화적 요인, 정치경제적인 요인까지도 분석 대상으로 삼아야 한다. 그리고 당시 제작에 참여한 기술자나 관리들의 자료를 빠짐없이 수집하는 것은 유물을 이해하는데 폭넓고 다양한 접근을 이루어 낼 수 있게 한다.

분석 단계를 거치면 실제 유물의 설계, 시험제작, 재현실험, 복원제작을 진행한다. 자문이나 고증은 문헌연구 단계부터 검토를 받아 복원제작 단계의 전 과정에서 받도록 한다. 자문 및 고증을 담당하게 되는 사람들은 국·내외 최고전문가나 문화재 위원급의 자격을 갖춘자를 위촉하여 실시하도록 한다. 설계 단계에서는 전문가와 함께 상세한 도면으로 옮겨야 한다. 이 설계도면에서는 유물의 재질과 특성이 고려되어야 하며, 시험제작(1차 제작; 시작품 제작)을 통해 메커니즘의 작동 및 재현실험을 실시한다. 이는 실제 유용한 기기로써 가치판단과 복원성과에 대한 중요한 결과이기 때문이다. 시작품 제작 및 재현실험 등을 거쳐 보완작업을 마친 후 복원제작 단계(2차 제작)로 넘어간다. 복원제작이 마무리가 되면 그동안의 제작과정을 자세히 기술하여 후속 연구자들에게 유용한 자료로 활용될 수 있도록 보고서를 작성한다. 최종 보고서가 마무리되면 이에 대한 학술적인 논문으로 제출하여 공식적인 복원과정을 마무리 짓고 과학문화재 복원의 성과물로 남긴다.

## 2) 세종의 과학프로젝트

조선사회에서는 하늘의 움직임을 살펴 역법을 밝히고 백성들에게 농사지을 때를 가르쳐 주는 것이야말로 최우선의 과제로 여겨졌다. 이러한 통치 이념은 '관천수시觀天授時' 사상에 따른 것으로 앞서 기술한 통치 이념은 왕이 마땅히 수행해야할 책무이자 의무였다. 그러므로 조선 초기의 세종은 천문학 발달에 심혈을 기울이게 되었고 조선의 독자적인 역법계산인『칠정산내편』의 제정(1442년)을 이룩하는 등 많은 천문의기를 제작하기에 이르렀다. 세종시대의 천문과학은 중국 원나라의 기술을 창조적으로 이어받아 15세기 최고 수준의 천문학 수준을 자랑하게 되었다.

세종의 과학프로젝트(1432년~1438년; 천문의기 제작사업)는 새로 건국한 조선 왕조의 역사적 정통성을 더욱 굳건히 하였고 왕권의 강화와 유교의 민본주의를 실천할 수 있는 계기로 작용하였다.

세종은 어려서부터 부왕인 태종과 함께 물시계를 제작하였고, 왕이 되어서도 학자들과 천문역상에 대한 지속적인 논의를 진행했다. 세종은 그의 재위 기간중 과감한 인재등용 정책을 폈다. 그 대표적 인물로는 장영실 등을 꼽을 수 있다. 당시 동래현의 관노출신이었던 장영실은 보루각루와 여러 천문의기를 제작한 공로로 대호군에 임명되었다. 그리고 집현전 학자였던 이순지와 김담 등을 천문과 역법을 연구하도록 배려하였다. 세종은 유교적 관습에 얽매이지 않고 자유로운 연구성과를 내도록 연구에 전념하도록 했다. 그리고 당시 중국의 앞선 천문과학기술을 들여와 『칠정산내편』 편찬이 가능하도록 했다. 당시의 세계과학의 중심은 이슬람이었으며 중국 과학에 지대한 영향을 끼치고 있었다. 이러한 원나라의 이슬람과학 영향은 우리나라의 천문학과 역법에 있어 커다란 영향을 끼치게 되었다. 세종은 장영실을 중국으로 유학시켜 천문의기의 여러 제도 및 제작법에 대하여 공부하고 오도록했다. 물론 중국에서 이를 쉽사리 허락 해줄리 없었다. 아마도 장영실은 멀리서 나마 천문의기와 제작원리 등을 구상하고 머릿속으로 상상을 거듭하며 세종의 과학프로젝트를 수행 할 수 있었을 것이다.

세종이 비밀스럽게 준비해온 과학프로젝트는 바로 우리나라의 독자적인 역법체계를 세우는 것이었다. 이 역법체계는 여러 관측기기들의 제작이 필수적이었고, 이를 운영할 수 있는 천문대인 간의대를 건설하는 것이다. 경북궁 경회루 북쪽에 세워진 간의대는 조선의 많은 천문관측을 수행하던 중추기관이라고 할 수 있다. 이때 제작한 천문의기로는 간의대와 간의를 비롯하여, 혼의·혼상, 규표, 소간의, 일성정시의, 현주일구, 천평일구, 정남일구, 보루각루, 흠경각루, 행루가 있었다. 이 사업이 마무리 된 후 기상관측기기인 수표와 측우기의 제작이 있었다. 또한 이러한 과학기기 제작 이전에 표준척도로 제작 할 수 있도록 표준자인 주척을 제작하기도 했다.

경회루에서 중국 사신들의 연회를 베풀던 중에도 간의대의 존재를 숨기기 위한 노력도 있었다. 또한 새롭게 편찬한 역법을 『칠정산 내편』이라고 명명하고 대외적인 역법으로는 반포하지 않았다. 당시에는 중국에서 계산한 역법을 사용해야 하는 것이 관례화 되어 있었기 때문에 이런 독자적인 역법제정의 국가기밀이 알려지게 되면 외교적으로 상당히 심각한 마찰을 가져 올 수 있었다. 세종 자신은 이러한 상황을 누구 보다 더 잘 알고 있었기 때문 이 비밀스런 과학프로젝트를 충실히 진행할 수 있었으며 막대한 지원을 아끼지 않았던 것이다.

세종대의 과학기술이 이토록 발전했던 이유는 다음과 같다.
첫째, 과학기술에 대한 연구를 국책사업 프로젝트로 추진하였다.
둘째, 과감한 투자와 인재를 등용하였다.
셋째, 자유로운 연구 성과를 내기 위한 조건을 조성하였다.
넷째, 세종 자신의 과학기술에 대한 능력을 겸비하였고 직접적인 실천 활동이 있었다.

이러한 과학기술 발전요인으로 15세기의 조선은 이슬람, 중국과 어깨를 나란히 할 수 있는 천문학 수준을 보유할 수 있었다.

### 3) 새롭게 태어나는 우리의 과학문화재

세종시대에 제작한 우리의 찬란한 과학문화재들은 현존하지 않는다. 그 이유는 조선시대의 여러 전란 등으로 파손되거나 훼손되었기 때문이다. 중종과 영조와 정조를 거치면서 세종대 과학기술의 전통을 일부 계승하여 복원 및 수리가 이루어졌다. 일부 창안된 유물들도 있었으나 일제강점기를 거치고 한국전쟁을 치르는 동안 유물의 보관이나 정리가 제대로 이루어지지 못했다. 결국 우리나라의 문화유산들은 긴 어둠의 터널 속으로 영영 잊혀지는 듯 했다.

지금은 우리나라가 광복 한 지 70여 년이 지났다. 이미 1990년대 후반부터 세종대의 과학유물들이 하나 둘씩 연구되기 시작했다. 그리고 그 복원 성과물들이 새로운 생명으로 과학문화재의 복원이라는 형태로 조명되기 시작했다. 최근 충북대학교 및 한국천문연구원 등에서는 과학문화재의 복원을 위한 연구가 활발히 진행되고 있다.


## 2. 340년 만에 복원한 혼천시계

조선 사회에서 하늘의 움직임을 살펴 역법을 제정하고 하늘의 이치를 살펴 농사에 필요한 시時(날짜)를 알려주는 일은 국왕이 실천해야 하는 가장 중요한 덕목 중 하나였다. 세종시대에는 1432년부터 1438년까지 다양한 천문관측기기와 시계를 제작해 정밀한 천문시계 기술을 갖추게 된다.

당시에는 앙부일구, 현주일구, 천평일구, 정남일구를 비롯한 해시계와 해와 별로 시간을 알 수 있었던 일성정시의를 개발했다. 자동시보장치를 갖춘 자격루, 물의 힘으로 혼천의와 혼상을 운행하는 천문시계를 제작했다. 장영실이 세종을 위해 만든 옥루라는 물시계는 당시의 모든 기술을 집약한 첨단 시계장치였다. 15세기 조선의 시계제작 기술은 당시 세계적 수준인 이슬람 및 중국과 동등한 위치에 오르게 됐다.

중국은 명明에서 청淸 왕조로 교체되면서 대통력大統曆을 대신하여 서양의 역법인 시헌력時憲曆을 사용했다. 조선에서도 1654년부터 시헌력을 시행하면서 새로운 역법에 부합하는 천문시계의 필요성이 대두됐다. 당시 서양에서는 14세기부터 17세기까지 기계식 톱니 기어를 갖춘 추동력의 시계를 사용했다. 시간의 정확성을 높이기 위해 추동력을 일정한 속도로 내려가도록 하는 기술적 해결이 필요했다.

당시에 사용하던 폴리오트 방식의 시계장치를 획기적으로 개선한 사람이 크리스티안 호이헨스이다. 그는 1657년 세계 최초로 진자장치를 이용하여 정밀한 시계를 제작했다. 놀랍게도 이 진자장치는 1669년 조선으로 건너와 혼천시계의 동력장치로 사용됐다. 1669년에 제작한 혼천시계는 조선에서 발전시킨 혼천의 제작기술과 서양식 자명종의 동력을 결합해 제작한 독창적인 천문시계이다.

이 천문시계는 조선시대 관상감(당시의 천문기관)의 송이영이 만들었다. 그는 서양의 자명종을 연구하여 혼천의와 결합해 획기적인 시계를 발명했다. 송이영은 당시의 천문역법인 시헌력을 시행하는 데 높은 지식을 겸비했고 천문관측에 능통했던 대표적인 천문학자이다. 혼천시계는 홍문관(당시의 학술기관)으로 보내져 여러 학자가 천체운행의 원리와 서양 역법의 이해, 천문관측과 시간측정 교육에 활용됐다.

조선 후기에도 시계 제작의 전통은 이어졌다. 1762년 홍대용은 자신의 집에 농수각이라는 천문대 시설을 갖추고 혼천의와 자명종을 결합하여 혼천시계를 제작했다. 19세기 초에도 강이중과 강이오가 혼천시계를 만들었다. 강이오의 아들인 강건과 강윤은 여러 가지 휴대용 앙부일구(해시계)를 제작했다. 강건과 강윤의 자제도 앙부일구를 제작했다. 집안 대대로 시계를 제작한 것은 조선시대 과학기술사에서도 대단히 특별한 일이다.

조선시대의 시계제작 기술은 오늘날의 연구자에게 계승됐다. 2005년 국내외 학자의 축적된 연구 성과로 실제 움직일 수 있는 혼천시계 모델을 완성했다. 이후 혼천시계 부품에 대한 개선 연구와 고증 절차를 통해 새로운 혼천시계를 복원했다. 세계 시계제작사의 측면에서 매우 희귀하고 중요한 유물이고, 선조들의 과학적 창의성이 뛰어난 과학기기이며, 과학문화 유산의 복원이라는 의미를 갖는다.

혼천시계의 복원전시로 전통과학기술의 우수성을 널리 알리고 미래 과학기술의 토대를 이루는 계기를 마련했다. 국립중앙과학관을 찾는 관람객은 혼천시계와 혼천시계의 과학원리를 활용한 체험 시설을 통해 이런 의미와 재미를 함께 느낄 수 있다.

〈동아일보〉, 『과학세상』 칼럼


## 3. 한국 천문 역사를 한자리에, 천문과학박물관 설립에 대하여

15세기 세계 최고의 과학기술 국가. 바로 조선의 세종시대를 말한다. 일본에서 간행된 『과학사기술사사전』에 따르면, 세종 재위기간이 포함된 1400년부터 1450년까지 반세기 동안 세계과학의 주요 업적 가운데 조선은 29건을 차지했다. 이 당시 중국은 5건, 일본은 1건, 동아시아를 제외한 나머지 지역이 30건 이었다. 세종대에는 무려 20여 종의 천문기기가 개발되었다. 당시 천문과학은 가장 주목받는 과학기술분야였다.

우리의 천문과학을 이해하고 아는 것은 과학기술에 대한 자긍심과 깊은 관심을 갖게 한다. 따라서 우리의 천문과학 문화유산은 그만큼 소중하고 보존할 가치 있는 효용성 있는 자산이라고 할 수 있다. 천문과학 문화유산을 담은 과학박물관의 설립은 학문의 내적 발전과 더불어 국민과 함께하는 문화와 소통의 장이 될 수 있다.

그렇다면 우리의 천문과학 문화유산에는 어떤 것들이 있을까? 흔히 떠오르는 것으로 현존하는 세계에서 가장 오래된 천문대인 첨성대, 시간과 날짜를 동시에 알려주는 앙부일구, 만원권 지폐에 그려진 천상열차분야지도와 혼천의 등을 꼽을 수 있다. 이밖에는 또 없을까? 현재 우리가 인지하고 있는 천문과 관련된 문화유산은 우리의 인식 속에 잘 정리되어 있지 않은 것처럼 생각된다.

천문과학에서 문화유산은 현재와 미래의 천문학적 발전을 위하여 다음 세대 또는 젊은 세대에게 계승·상속할 만한 가치를 지닌 우리 사회의 정신적·물질적 각종 천문과학 유물·유적이나 양식을 모두 포함한다.

천문과학의 정신적 유산에는 천문기기의 제작기술, 천문관측기술, 천문역계산법 등이 포함된다. 이것은 무형의 자산이지만 유형의 자산을 연결해주는 매개체가 된다. 물질적 유산에는 천문의기, 천문도, 천문서적, 천문대 등이 포함된다. 심지어 현대의 과학박물관에서는 최근까지 사용해온 천문관측 시스템이 오브제object(전시물)로 활용되고, 천문대 공간이 에코 박물관(고유의 문화와 건축유산, 자연환경 등을 그대로 보존하고 이용한 박물관 형태)으로 활용되고 있다.

중국 하남박물관에는 고대 중국천문학에 대한 지식과 유물이 체계적으로 전시되어 있다. 가장 흥미로운 점은 스타전시물(전시공간에서 가장 중요한 전시물)을 중심으로 고천문학을 단계별로 이해하고 교육할 수 있는 공간과 전시구성이다. 일본국립천문대NAOJ에는 근대에 사용한 천문관측 장비와 관측실을 고스란히 전시공간으로 만들어 교육에 활용하고 있다. 전통사회에서 사용한 천문과학 문화유산을 수집하고 보존하는 것은 고천문학 분야의 학문발전과 연구개발에서 정체성을 확보하고 발전하기 위한 필수적인 행위에 해당한다.

그림 5-4. 등봉의 관성대 (장소: 중국 하남박물원) 중국 등봉에 위치한 천문대가 스타전시물로서 전시관 중앙에 위치하고 있다. 한국의 천문과학 천문유산에서 스타전시물은 첨성대, 간의, 천상열차분야지도, 칠정산 등을 꼽을 수 있다.

과학에 대한 궁금함이 있다면 찾게 되는 가장 쉬운 곳이 과학관이다. 또한 국보급 문화재를 보기 위해 박물관을 찾는다. 마찬가지로 천문이라는 전문적 주제에 대하여 알고 싶다면 천문대를 떠올리게 된다. 그러나 천문과학 문화유산은 과학관 및 박물관 등지에 그 정보가 흩어져 있기에 체계적이고 종합적인 정보를 습득하거나 이해하기에는 부족함이 많다. 따라서 전문화된 과학박물관 형식을 통한 체계적인 교육과 연구를 시행할 수 있는 곳이어야 한다. 이것이 천문과학 대중화를 위해 한국천문연구원에서 수행할 수 있는 중요한 역점사업이라고 판단된다.

그렇다면 어떠한 과학박물관이 되어야 할까? 한국사회에서 90년대 초반에 설립한 과학관은 과학에 대한 소개나 오브제가 갤러리 형식으로 전시되는 형태로 운영되었다. 90년대 중반 이후부터 체험중심의 과학센터형 과학관이 자리를 잡게 된다. 2000년대를 지나면서 다양한 영상매체를 동원된 복합 공간형태로 진화한다. 하지만 우리가 추진할 과학박물관은 조금 다른 모습으로 진화해야 한다고 생각한다.

천문과학박물관은 천문자료의 수집과 보관, 보존과 복원이 기본 틀이 되면서 천문과학에 대한 원리와 이해를 다루는 교육과 연구의 공간이어야 한다. 여기서 말한 교육과 연구는 20세기 과학박물관의 중요한 역할 중의 하나였다. 하지만 21세기 서구 과학박물관이 추구하는 교육과 연구는 새로운 패러다임으로 변화하고 있다.

천문과학박물관 형태는 연구의 내용과 전시의 내용이 관람객과 피드백이 되는 것을 전제로 한다. 전시물과 해설내용에 궁금한 점이 있다면 현장의 연구실(연구자)에서 바로 해결해 줄 수 있는 열린 과학박물관을 의미한다. 이것은 천문과학에 대한 연구와 교육 인프라가 구축되어 있는 한국천문연구원에서만 가능한 일이다.

또한, 실제 전공자가 전시물 또는 유물 앞에서 천문학 원리와 의미를 서술해 주는 교육과 스타전시물이 연결되는 공간이어야 한다. 예를 들면, 천문과학박물관의 천문도 코너에 온 관람객들에게 천상열차분야지도 앞에서 이 분야 전공자의 교육이 진행된다. 주변에 전시되어 있는 고법천문도와 신법천문도를 활용하여 천문도의 변화와 발전단계를 설명한다. 또한 중국과 일본의 천문도에 대한 종합적인 특징과 상호교류사에 대하여 이해 할 수 있도록 해준다. 즉, 교육이 이루어지는 공간에 전공자, 전시유물, 관람객이 함께 소통하도록 해야 한다. 이것이 21세기형 교육·연구 중심의 새로운 과학박물관의 형태이다.

천문과학의 대중화!! 그 시작은 열림과 소통의 공간인 천문과학박물관에서 이룰 수 있다. 한국천문연구원에서는 근·현대천문학에서부터 고천문학까지 다양한 분야의 연구가 진행되고 있어 지식의 제공과 교육에 대한 충분한 인프라를 구축하고 있다. 우리 선조들의 천문학과 과학정신을 창조적으로 계승하기 위한 과학박물관의 설립은 전통과학에 대한 관심을 이끌어 낼 수 있고, 미래의 천문과학 인재육성의 매개가 되고 과학대중화의 초석이 될 수 있다. 천문과학의 대중화로 한국천문연구원에 대한 국민적 관심과 성원이 깊어지기를 기대한다.

〈KASI〉『천문을 이야기하다』 기고문


## 4. 조선의 시간과 시계, 그리고 과학문화재

얼마 전 경희궁에서는 "천상시계" 뮤지컬이 상연되었다. 고궁 안에서 대중 공연인 뮤지컬을 볼 수 있는 것은 흔한 경험은 아닐 것이다. 2012년 고궁의 가을 밤, '천상시계'에서 세종과 장영실이 꿈꾸어왔던 자주 국가의 면모를 갖추기 위한 천문의기 제작과 시계 제작 과정을 다룬 내용이었다. 요즘 한국 사회에서 전통적인 콘텐츠가

TV 드라마나 영화의 소재로 되는 것은 새로운 문화코드가 되어버렸다. 이렇게 전통사회에 나오는 과학문화재가 고궁이라는 이색적인 공간에서 함께 어우러지는 것은 과학문화재를 사랑하는 한 사람으로서 매우 뿌듯한 일이라고 할 수 있겠다.

## 1) 세종을 위한 천상의 시계

1438년 장영실은 자격루(국보 제229호)의 시계제작 기술을 더욱 발전시켜 세종에게 첨단적인 자동 물시계를 헌상하게 된다. 그것이 천상시계인 흠경각루이다. 세종은 흠경각(조선시대 세종 20년(1438) 경복궁 안 강녕전 옆에 지은 전각)안에 설치된 흠경각루를 보면서 자연을 벗삼고, 때로는 농사짓는 백성들의 어려움을 살피고, 권력의 남용으로부터 균형 잡힌 국정을 위해 노력했다. 37명의 시보인형(종, 북, 징을 쳐서 시, 경, 점을 알리는 인형)들이 등장하는 드라마틱한 연출은 도저히 눈을 뗄 수 없는 진풍경이었을 것이다. 흠경각은 자동으로 시간을 알려주는 물시계가 운영되는 곳이면서 세종 자신이 백성을 생각하고, 국가를 운영하고, 정치를 구현하는 천상의 공간이었다.

## 2) 세종의 천문의기 제작과 시계 제작 프로젝트

1432년부터 1438년까지 세종은 조선의 독자적 역법체계를 완성하기 위해서 천문의기 제작과 시계 제작 사업을 펼쳤다. 당시에 제작된 천문의기로는 천체의 위치를 정밀하게 측정할 수 있는 간의가 있었다. 간의는 중국에서 개발한 당시의 최신기기였다. 조선의 과학자들은 한양의 위도에 맞도록 간의를 개량했다. 나아가 실용성과 이동성이 겸비되도록 새로운 형태의 소간의를 제작했다. 이들 관측기기에는 시간을 측정할 수 있도록 백각환이라는 시계부품이 장착됐다.

세종시대에는 다양한 해시계가 제작됐다. 당시 백성들에게 시간을 알려주는 것은 국가의 중요한 임무중의 하나였다. 궁궐에서 알려주는 자격루의 표준시간 이외에 종묘와 혜정교에서도 백성들이 마음껏 시간을 읽을 수 있도록 해시계를 설치했다. 이 해시계가 우리나라 최초의 공중용 해시계인 앙부일구이다. 앙부일구는 시간은 물론 날짜까지 알 수 있었다. 앙부일구 시반면(그림자가 비치는 면)에는 시각선과 절기선이 바둑판 모습처럼 그려져 있다. 앙부일구는 천문정보와 예술적 아름다움이 담겨진 우리의 자랑스러운 과학문화재이다.

그림 5-5. 1870년 강윤이 제작한 휴대용 앙부일구 (옥스퍼드 과학사박물관 소장)

그림 5-6. 복원한 조선시대 8척 규표 (장소: 한국천문연구원)

### 3) 일 년의 길이를 측정하라

오늘날 1년의 길이는 약 365.2422일 이다. 조선에서는 1년의 길이를 약 365.25일로 계산하여 사용하였다. 600여 년 전, 이렇게 정확한 1년의 길이를 어떻게 알 수 있었을까?

1년의 길이를 측정할 수 있는 것은 '규표'라는 측정기기가 있어 가능했다. 규표는 하루에 한 번만 측정하는 해시계라고 할 수 있다. 남쪽 하늘에서 태양이 가장 높이 올라왔을 때(남중시간) 그림자 길이를 측정한다. 규표의 구조는 수평방향으로 '규圭'가 놓여 있고, 수직방향으로 '표表'가 세워져 있다. 매일 매일 표가 만드는 그림자 길이를 측정하게 되는데, 여름에는 짧고, 겨울에는 길다. 그림자 길이가 가장 길어진 날(동지날)부터 가장 짧아지다가(하지날) 다시 길어질 때(다음해 동지)까지 날 수를 측정해 보면 365일이 되는 것을 알 수 있다.

그런데, 이러한 측정을 매년 반복하게 되면 365일이 아닌 366일이 되는 경우가 발생한다. 수년에서 수십 년 반복해서 1년의 길이를 측정하여 약 365.25일이라는 평균값을 얻게 된다. 이렇듯 1년의 길이를 측정하는 것이 규표의 기본적 역할이었고, 표 그림자 길이로 1년 중에서 24기氣(12절기와 12중기) 날짜를 정했다. 이러한 규표의 측정은 오늘날 사용하는 양력을 측정하기 위한 장치였다. 조선시대는 음력 날짜와 더불어 규표를 사용하여 양력 날짜를 함께 사용했다.

### 4) 17세기 최첨단 천문시계 - 송이영의 혼천시계

조선에서 1654년부터 시헌력을 시행하면서 새로운 역법에 부합하는 천문시계의 필요성이 대두됐다. 당시 서양에서는 14세기부터 17세기까지 기계식 톱니 기어를 갖춘 추동력의 시계를 사용했다. 시간의 정확성을 높이기 위해 추동력을 일정한 속도로 내려가도록 하는 기술적 해결이 필요했다.

당시에 사용하던 폴리오트 방식의 시계장치를 획기적으로 개선한 사람이 크리스티안 호이헨스Christiaan Huygens(1629~1695)이다. 그는 1657년 세계 최초로 진자장치를 이용하여 정밀한 시계를 제작했다. 놀랍게도 이 진자장치는 1669년 조선으로 건너와 혼천시계의 동력장치로 사용됐다. 1669년에 제작한 혼천시계는 조선에서 발전시킨 혼천의 제작기술과 서양식 자명종의 동력을 결합해 제작한 독창적인 천문시계이다.

이 천문시계는 조선시대 관상감(당시의 천문기관)의 송이영宋以顥(1619~1692)이 만들었다. 그는 서양의 자명종을 연구하여 혼천의와 결합해 획기적인 시계(국보 제230호)를 발명했다.

그림 5-7.
복원한 소간의 (장소: 한국천문연구원)
간의를 개량해 실용성과 이동성이 겸비
되도록 고안한 새로운 형태의 천체측정
장치이다.

그림 5-8. 복원한 간의 (장소: 한국천문연구원) 세종시대에 제작된 천문의기로 천체의 위치를 측정할 수
있는 장치이다.

## 5) 조선 후기의 명품 시계 – 강건과 강윤 형제의 휴대용 앙부일구

조선시대 선비들도 오늘날 휴대폰보다 작은 크기의 시계를 지니고 다녔다. 진주 강씨 후손으로 한성판윤(현 서울시장)을 지낸 강윤姜潤(1830~1898)과 동생 강건姜鍵(1843~1909)이 만든 휴대용 해시계는 초소형으로 상아와 같은 고급 재료로 만들었다. 현재 이들 형제가 만든 해시계는 11점이 남아 있다. 강윤과 강건은 조선 후기의 대표적 문인이자 화가인 강세황姜世晃(1712~1791)의 증손이다. 그의 손자, 즉 두 형제의 큰아버지 강이중과 아버지 강이오는 또 다른 혼천시계를 제작한 것으로도 유명하다. 강건의 두 아들도 가업을 이어 해시계 제작을 했다. 이에 따라 중인 출신의 기술자가 아닌 명문가의 3대가 조선 후기 명품 휴대용 해시계의 전통을 이어갔다.

조선 사회에서 하늘의 움직임을 살펴 역법을 제정하고 하늘의 이치를 살펴 농사에 필요한 시時와 때를 알려주는 일은 국왕이 실천해야 하는 가장 중요한 덕목 중 하나였다. 조선시대의 천문의기 제작과 시계 제작 기술은 오늘날 과학문화재 복원이라는 형식으로 새롭게 되살아나고 있다. 조선의 시간과 시계, 그리고 과학문화재는 선조들의 과학적 창의성이 담긴 우리의 소중한 문화유산이다. 오늘날 남아있는 과학유산이나 복원한 과학문화재는 전통기술과 미래과학을 연결해주는 든든한 토대가 되고 있다.

〈문화재청〉『문화재사랑』기고문

## 5. 조선 후기의 과학문화재: 전통 과학기술과 서양 과학기술의 융합

과학적인 측정 행위를 수반하거나 과학 원리를 적용하여 제작한 문화적 가치를 갖는 유·무형의 산물을 '과학문화재'라고 부른다. 과학문화재의 범주는 농업기기, 천문도와 지도류 등 다양하지만, 여기서는 조선후기에 사용한 해시계와 천문관측기기로 분류되는 과학문화재를 살펴보고자 한다. 조선 후기를 대표하는 과학문화재로는 이민철과 송이영의 혼천시계, 홍대용의 혼천의와 혼상, 김영의 적도경위의, 강윤과 강건 형제가 제작한 휴대용 해시계, 박규수의 간평의, 남병철과 남병길 형제의 다양한 천문의기 등을 꼽을 수 있다. 하지만 현재 전해지는 유물은 몇 가지뿐이며, 이것도 일부 장치가 훼손되어 완형으로 남겨진 것이 드물다.

조선 후기의 다양한 과학문화재의 출현은 15세기 세종대에 진행된 천문의기 제작과 시계 제작 프로젝트를 17세기 현종대에 다시 한번 부흥시키려 했던 시도에서 출발한다. 송준길宋浚吉(1606~1672)은 전통적인 수격식 혼천시계와 서양식 자명종 동력을 이용한 추동식 혼천시계 제작에 중요한 역할을 하였다. 서양의 역법체계인 시헌력이 1654년부터 시행된 것 역시 활발한 과학문화재의 제작과 개발에 영향을 주었다.

### 1) 서양 과학의 수용 - 구형의 地를 생각하다

1603년 명나라에 다녀온 이광정李光庭(1522~1627)과 권희權憘(1547~1624)가 북경에서 간행된 세계지도인 〈곤여만국전도坤輿萬國全

圖〉(1602)를 가져와 홍문관에 전했다. 1603년 이응시李應蓍(1594~1660)는 이 지도를 〈양의현람도兩儀玄覽圖〉라고 명명하고 8매의 목판에 다시 새겼다. 극지방을 투영하는 방법이나 지구의 모습을 원으로 그리고, 여기에 육지를 그려 넣는 것으로 보아 당시 지구를 구형으로 생각했다는 것을 알 수 있다.

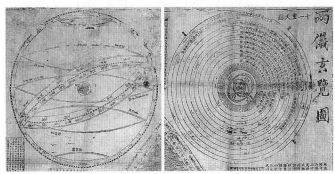

그림 5-9. 〈양의현람도〉의 이중천도(왼쪽)과 십일중천도(오른쪽) (숭실대학교 한국기독교박물관 소장)

정두원(1581~?)이 1631년 자명종을 들여올 때 함께 가져온 『직방외기職方外紀』에는 지구의 구형과 중력에 대한 상세한 개념들이 들어 있었다. 탕약망湯若望(Johann Adam Schall von Bell, 1591~1666)이 쓴 『혼천의설渾天儀說』(1636)에는 지구의가 달린 혼천의 그림이 있다. 1644년 김육金堉(1580~1658)은 시헌력을 배우기 위해 중국에 갔고, 여기서 《혼천의설》을 구입한 것으로 알려져 있다. 또한 1645년 북경에서 돌아온 소현세자昭顯世子(1612~1645)가 가져온 여지구輿地球는 구형의 지구 모습이었을 것으로 추측된다. 이렇듯 17세기 초반부터 중반기까지 서양과학기술 수용의 누적된 결과가 있었고, 시헌력 체제에 따른 새로운 과학의 기운이 형성되기 시작했다.

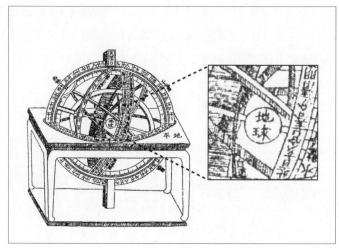

그림 5-10. 『혼천의설』〈혼천의도〉

## 2) 조선의 명품시계 – 강건과 강윤의 휴대용 해시계

이 유물은 1871년 강건이 만든 휴대용 앙부일구이다. 손바닥 위에 올려놓고 사용할 수 있는 크기인데, 지남침指南針을 활용해 방향을 맞추고, 시간을 읽을 수 있도록 하였다.

휴대용 앙부일구는 직육면체이다. 윗면에 '앙부일구'라는 글자가 새겨져 있는데, 북쪽에는 반구 형태의 시반면이 있고, 남쪽에는 지남침과 24방향의 글자가 새겨져 있다. 시반면에는 24절기를 나타내는 13개의 계절선과 30분 간격의 시각선이 그려져 있다. 시반면 안에는 북극 방향으로 영침이 달려 있어 그림자를 읽어 시간과 날짜를 알 수 있다.

지남침 둘레에는 24방향의 글자가 새겨져 있고, 황금색 종이로

그림 5-11. 휴대용 앙부일구 (국립중앙박물관 소장)

바닥을 장식하였다. 유물의 좌·우 측면에는 24절기에 대한 글자가 12개씩 배치되어 있다. 동쪽에는 동지, 소한, 대한, 입춘, 우수, 경칩, 춘분, 청명, 곡우, 입하, 소만, 망종, 하지의 글자가 있다. 서쪽에는 하지, 소서, 대서, 입추, 처서, 백로, 추분, 한로, 상강, 입동, 소설, 대설, 동지의 글자가 있다.

유물의 북쪽 측면에는 '北極高 三十七度三十九分一十五秒'라고 적혀 있고, 밑면에는 '同治辛未孟夏下瀚晉山姜湕製'라고 적혀 있어, 진산晉山 강씨인 강건이 1871년 4월에 제작했음을 밝히고 있다.

보물 제852호 휴대용 앙부일구는 언제 어디서나 방향을 쉽게 알 수 있도록 앙부일구의 고유한 기능에 지남침을 첨부하여 간편하고 실용적으로 사용할 수 있도록 제작한 창의성이 돋보이는 해시계라고 할 수 있다.

### 3) 서양식 지평 해시계 - 신법지평일구

지평일구는 보통 평면 해시계를 말한다. 바닥을 이루는 평면에 일정한 간격으로 방사선 형태의 선을 긋는다. 보물 제840호는 검은 대리석으로 만들었으며 크기는 가로 58.9㎝, 세로 38.2㎝, 두께 16.3㎝이다. 18세기 초 관상감에서 만든 지평 해시계로 1636년 중국 명나라에서 만든 신법지평일구를 서울의 위도에 맞춰 새로 만든 것이다. 한양북극출지 37도 39분이라고 새겼다.

영침 그림자의 방향과 위치로 시각과 날짜를 알 수 있는 신법지평일구는 서양 과학의 영향을 받아 제작된 것으로 여러 개가 현존하고 있다. 이 해시계의 시반면에는 13개의 시각선과 11개의 절기선이 있다.[1] 연구를 통해 유실된 영침을 삼각 형태로 제작하였다.[2] 삼각 영침의 빗면으로 시각을 읽고, 삼각 영침의 빗면 중간에 홈이 파져 있는 뾰족한 부분이 만드는 그림자와 절기선이 맞닿는 부분을 읽어 날짜를 알 수 있다.

하늘의 움직임을 살펴 역법을 제정하고 하늘의 이치를 살펴 농사에 필요한 시時(날짜)를 알려주는 일은 국왕이 실천해야 하는 가장 중요한 덕목 중 하나였다. 조선시대의 천문의기 제작과 시계 제작 기술은 오늘날 과학문화재 복원이라는 형식으로 새롭게 되살아나고 있다. 조선의 해시계와 관측기기 등 과학문화재는 선조들의 창의성이 담긴 소중한 문화유산이다. 오늘날 남아 있는 과학 유산이나 복

---

1) 다른 신법지평일구와 앙부일구의 절기선은 보통 13개이지만, 이 신법지평일구는 11개 절기선으로 그려진 것이 특이하다.

2) 최근 민병희·이용삼·김상혁·최원호·함선영의 연구(2017)에서 보물 제840호 신법지평일구의 영침 형태에 대하여 삼각 영침보다는 표를 세워 측정하는 것으로 분석했다.

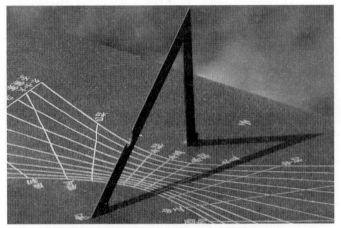

그림 5-12. 신법지평일구 삼각 영침 복원품 (장소: 한국천문연구원)

원한 과학문화재는 전통적 과학기술과 미래의 과학세대를 연결해 주는 든든한 토대가 되고 있다.

〈국립중앙박물관회〉 『박물관사람들』 기고문

## 6. 흠경각루의 복원연구 성과와 현황

흠경각루의 본격적인 연구는 정부지원 과제를 수행한 2009년 9월부터 시작되었다.[3] 복원연구를 위한 야심찬 계획을 세우고 시작

---

3) 두 차례 정부기관의 연구지원 사업을 통해 수행함. 2009년부터 수행한 연구(연구사업명: 세종시대 천문과학 문화유산의 국제화를 위한 복원연구와 현대적 활용)는 1년 3개월간 수행함. 2012년부터 수행한 연구(연구사업명: 세종시대 천문시계 흠경각루의 복원 모델 연구와 현대적 활용)는 3년간 수행함.

했지만 많은 난관에 직면해야 했다. 왜냐하면, 외부형태에 대한 자세한 기록과는 달리 내부구조에 대해서는 거의 나와 있지 않았다. 필자를 포함한 연구자들은 내부 구조에 대한 것은 몇몇 문헌에 흩어져 있는 조각을 맞추고, 동아시아 지역의 동시대 유물에 대한 세세한 파악이 필요했고, 기술교류사적 근거와 당시에 학자들에게 영향을 준 서적들을 꼼꼼히 분석해야 했다.

흠경각루의 동력을 수격식 메커니즘에 의한 작동으로 기본구상을 해보니, 실제로 혼의와 혼상, 수차, 물시계, 천형장치 등으로 이루어진 11세기 수운의상대와 원대 제작된 등루와 순제의 궁루 등이 강한 연관성을 갖고 있을 것으로 조사되었다. 이러한 예상과 추정은 이미 오래전인 원로 학자이신 전상운全相運에 의해서도 밝혀진 바 있다.

『후한서』의 장형전張衡傳에 보이는 혼천의,『진서』「천문지」에 보이는 혼천의에 대한 기록, 당의 개원開元 연간(8세기)에 양영찬梁令瓚이 만든 혼천의와, 목인木人 2개를 만들어 하나는 1각刻이 지날 때마다 자동적으로 북을 치고 다른 하나는 1진辰마다 자동적으로 종을 울렸다는 것이 기록된『당서』「천문지」, 송宋의 태평흥국太平興國 4년(979)에 장사훈張思訓이 자동적으로 시각을 알리는 물시계를 만들었다는 기록이 보이는 『송사』「천문지」, 그리고『신의상법요』의 소송蘇頌이 만든 혼천의의 시계장치 등에 나타나 있는 특징들이 있다. 옥루는 또한 순제順帝의 궁정 물시계와 중세 아라비아의 물시계들에서 보이는 특징들, 즉, 사신과 무사에 의한 보시報時 장치들과 12신과 옥녀의 출입에 의한 보시 장치를 모방하여 제작되었음에 틀림없다(전상운, 1994).

그림 5-13. 흠경각루 연구 성과 웹페이지 웹페이지를 통해 흠경각루에 대한 역사기록, 외형 및 내부구조, 과학원리, 원문해설, 연구자료 등을 제시하고 있다.

흠경각루에 대한 연구를 통해 필자와 공동연구자들은 총 3편의 연구결과를 냈다.[4] 먼저 "천문시계 옥루의 작동메커니즘 연구"(Kim et al., 2011)에서는 흠경각루의 구조적인 분석과 시보인형들의 작동메커니즘을 이해하는 성과가 있었다. "흠경각루 내부구조 연구"(Kim et al., 2013)에서는 조선왕조실록 등에 산재해 있던 기록을 재구성하여 내부 장치인 해자, 주전장치, 대·중·소 수호, 구슬장치 등에 대한 역할과 분석이 있었다. 이어서 "흠경각루의 수차제어시스템 모델설계"(Kim et al., 2016)에서는 동아시아의 전통적인 탈진시스템이었던 천형장치를 분석하고, 이를 통한 수차제어 방법에 대하여 연구했다.

4) Sang Hyuk Kim, Yong Sam Lee, and Min Soo Lee, A Study on the Operation Mechanism of *Ongnu*, the Astronomical Clock in *Sejong* Era, JASS, 28, 79-91(2011). Sang Hyuk Kim, Yong sam, Min Soo Lee, Sun Young Ham, A Study on the Internal Structure of Heumgyeonggaknu, JASS, 30, 113-121(2014). Sang Hyuk Kim, Seon Young Ham, Yong Sam Lee, Model Design for Water Wheel Control System of *Heumgyeonggaknu*, JASS, 33, 55-62(2016).

최근 선행연구결과를 바탕으로 국립중앙과학관과 한국천문연구원, 그리고 전홍TAC[5] 등이 공동으로 실제 작동하는 흠경각루의 모델을 개발 중에 있다. 총 3년간 (2016년 6월부터 진행) 수행되는 과제(연구책임자: 국립중앙과학관 윤용현 박사)를 통해 복원을 위한 실시설계 도면의 작성, 시제품의 제작, 전시융합콘텐츠의 개발을 수행하게 된다. 이러한 과정을 마치게 되면 비로소 흠경각루의 복원이라는 대과제를 완성할 수 있을 것이다.

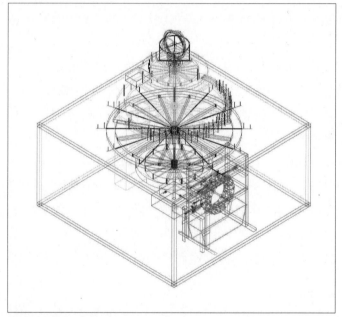

그림 5-14. 흠경각루 내부 투시도

5)  전홍TAC (대표: 임병시)는 불교미술, 환경조형, 전시조형, 유물 복원·복제 등을 수행하는 전문업체이다 (주소: 경기도 김포시 대곶면 종생로 78-28).

| No. | 연 월 일 | 주요내용 | 문헌 | 비고 |
|---|---|---|---|---|
| 1 | 1437년(세종 19) 4월 15일 | 흠경각루 외형 모습 | 세종실록 | 경복궁 |
| 2 | 1438년(세종 20) 1월 7일 | 흠경각루 완성. 〈흠경각기(欽敬閣記)〉 | 세종실록 국조보감 동문선 | 권7, 신숙주 |
| 3 | 1490년(성종 21) 윤9월 6일 | 흠경각루 가산의 잡상과 내부 자격장치가 오랜기간 훼손되어 방치됨 | 성종실록 | |
| 4 | 1493년(성종 24) 5월 10일 | 흠경각루 보수 완료. 전습을 위한 춘분, 하지, 추분에 10일 동안만 운영. 해자(海子)와 주전(籌箭)에 대한 역할 소개 | 성종실록 | |
| 5 | 1509년(중종 4) 11월 8일 | 흠경각루 수리 및 개작에 대해 청취한 후, 현재 흠경각루 개수를 통해 세종조를 계승 | 중종실록 | |
| 6 | 1517년(중종 12) 11월 25일 | 흠경각 교정 진행중 | 중종실록 | |
| 7 | 1543년(중종 38) 11월 2일 | 흠경각루 가산의 기기(欹器)에 대해 논함 | 중종실록 국조보감 | 권20, 신숙주 |
| 8 | 1550년(명종 5) 6월 | 관상감 제조 상진(商震)과 김익수(金益壽)에게 빈풍칠월의 형상과 잘 맞도록 잡상들의 개수를 지시함 | 국조보감 | 권22, 신숙주 |
| 9 | 1550년(명종 5) 8월 3일 | 흠경각루 파손에 대비 | 명종실록 | |

| No. | 연월일 | 주요내용 | 문헌 | 비고 |
|---|---|---|---|---|
| 10 | 1550년(명종 5) 11월 6일 | 기기(欹器)를 수리함. 임금 곁의 좌우에도 설치 | 명종실록 | |
| 11 | 1553년(명종 8) 9월 14일 | 경복궁 화재. 흠경각 불탐 | 명종실록 국조보감 | 권22, 신숙주 |
| 12 | 1553년(명종 8) 12월 26일 | 흠경각의 초양(草樣, 기초 토대)을 이룸 | 명종실록 | |
| 13 | 1554년(명종 9) 8월 2일 | 흠경각 중창(重創, 건립) | 명종실록 신증동국여지승람 연려실기술 | 권2, 이행 권3, 이긍익 |
| 14 | 1554년(명종 9) 8월 19일 | 흠경각 중수에 대한 공궤(供饋) | 명종실록 | |
| 15 | 1613년(광해군 5) 8월 1일 | 사간원과 사헌부에서 흠경각의 공사 중지 요청이 있었으나 계속 진행함 | 광해군일기 | 임진왜란이후 창덕궁 서린문 안 |
| 16 | 1613년(광해군 5) 8월 30일 | 흠경각 건설도감이 건설 부지에 대해 아룀 | 광해군일기 | |
| 17 | 1614년(광해군 6) 7월 9일 | 흠경각 내부 장치 수리에 대한 논의. 가산(假山)의 산 모형, 초목의 형상, 사신(司辰) 등의 인물상 | 광해군일기 | |
| 18 | 1614년(광해군 6) 7월 18일 | 흠경각 서루(西樓)의 수리를 조속히 끝내도록 명함 | 광해군일기 | |
| 19 | 1614년(광해군 6) 9월 14일 | 흠경각건설도감이 천지호 (天池壺)의 완성을 아룀 | 광해군일기 | |
| 20 | 1616년(광해군 8) 1월 16일 | 흠경각 교정. 박자흥(朴自興)을 흠경각 교정청의 부제조로 차임 | 광해군일기 | |
| 21 | 1616년(광해군 8) 8월 12일 | 흠경각의 교정이 거의 완료됨 | 광해군일기 | |
| 22 | 1616년(광해군 8) 8월 20일 | 흠경각 교정청이 야루(夜漏)의 교정에 대해 보고함. 탁수의 찌꺼기로 인해 시간이 잘 맞지 않음 | 광해군일기 | |
| 23 | 1616년(광해군 8) 8월 29일 | 흠경각 교정청이 야루의 교정 상황을 보고함 | 광해군일기 | |

| No. | 연 월 일 | 주요내용 | 문헌 | 비고 |
|---|---|---|---|---|
| 24 | 1617년(광해군 9)<br>1월 18일 | 흠경각을 춘분 이후부터 관상<br>감 제조 이하가 상세히 교정<br>할 것을 지시 | 광해군일기 | |
| 25 | 1655년(효종 6)<br>11월 17일 | 흠경각 터에 전각을<br>짓고자 함 | 효종실록 | |
| 26 | 1655년(효종 6)<br>11월 23일 | 흠경각을 철거하고 그 목재와<br>기와를 사용하는 것에 대해<br>논함 | 효종실록 | |
| 27 | 1655년(효종 6)<br>12월 4일 | 김육이 흠경각을 철거하고 그<br>자리에 대비전을 세우는 것에<br>불가함을 논함 | 효종실록 | |
| 28 | 1655년(효종 6) | 대비를 봉양하기 위해 흠경각<br>옛 터에 만수전과 춘휘전을<br>세움 | 국조보감<br>궁궐지<br>신증동국여지승람 | 권38, 신숙주<br>창덕궁지<br>권2, 이행 |
| 29 | 1770년(영조 46) | 경복궁에서 발견한 석각천문<br>도(천상열차분야지도)를 보<br>관하기 위해 흠경각 재건(창<br>덕궁 금호문 밖 관상감 안) | 증보문헌비고<br>승정원일기<br>연려실기술 | 상위고 권3<br><br>별집 권7, 이긍익 |
| 30 | 1794년(정조 18)<br>3월 24일 | 흠경각 보수를 명함. 흠경각<br>루는 부재 | 정조실록 | |
| 31 | 1876년(고종 13)<br>11월 4일 | 경복궁 화재. 흠경각 불탐 | 고종실록 | 경복궁 |

김동현, 『서울의 궁궐건축』, 시공사, 2002.

김상혁, 『송이영의 혼천시계』, 한국학술정보, 2012.

김상혁, 함선영, 임현주, 개인서신: 『신의상법요』 번역 및 검토 자료, 2012.

남문현, 『장영실과 자격루』, 서울대학교출판부, 2002.

남문현, 『한국의 물시계』, 건국대학교출판부, 1995.

陆敬严, 钱学英, 「新仪象法要译注」, 上海古籍出版社, 2007.

문화재청, 『근정전』 실측조사보고서(상), 신기획, 2000.

박제훈, 「조선의 수격식 기계시계의 유량조절과 탈진시스템 연구」, 충북대학교 석사
학위논문, 2011.

潘鼐, 『中國古天文儀器史』, 山西教育出版社, 2005.

山全慶兒, 土屋榮夫, 『復元 水運儀象臺: 十一世紀中國の 天文觀測時計塔』, 新曜社, 1997.

송희경, 「공자 고사의 시각화: 기기도(欹器圖) 연구」, 『동양고전연구』, 62, 263-290(2016).

이용삼, 김상혁, 민병희, 이민수, 전준혁, 함선영, 『조선시대 천문의기』, 민속원, 2016.

전상운, 『한국과학기술사』, 정음사, 1994.

허균, 『십이지의 문화사』, 돌베개, 2010.


Joseph Needham, Lu Gwei-Djen, John H. Combridge, John S. Major, The Hall of
Heavenly Records: Korean astronomical instruments and clocks 1380-1780,
Cambridge University Press, 1986.

Kim Sang Hyuk, Ham Seon Young, Lee Yong Sam, Model Design for Water Wheel
Control System of Heumgyeonggaknu, JASS, 33, 55-62(2016).

Kim Sang Hyuk, Lee Yong Sam, Lee Min Soo, A Study on the Operation Mechanism
of Ongnu, the Astronomical Clock in Sejong Era, JASS, 28, 79-91(2011).

Kim Sang Hyuk, Lee Yong Sam, Lee Min Soo, Ham Sun Young, A Study on the

Internal Structure of Heumgyeonggaknu, JASS, 30, 113-121(2014).

Lee Yang Sam, Kim Sang Hyuk, Park Je Hoon, A Study for the Restoration of Hong Dae-Yong Honsangui: Focusing on the structure and operating mechanism, JASS, 30, 187-192(2013).

사진 및 그림 제공
한국천문연구원
문화재청
국립중앙박물관
국립고궁박물관

# 찾아보기

## |가|

가산  44, 58, 59, 63

간의簡儀  24, 109, 118, 119

간의대  22, 109

간의대기簡儀臺記  20, 21

간평의  124

강건姜湕  112, 113, 123, 124, 126

강녕전康寧殿  19, 33

강세황姜世晃  123

강윤姜潤  112, 113, 123, 124

강이오  112, 123

강이중  112, 123

걸턱  67, 68

경복궁  17

경복궁도景福宮圖  19

경점시간更點時間  43, 46, 53, 54

경회루慶會樓  19

고인鼓人  24, 43, 53

고정식Fixed-type  80, 81, 100

과학문화재  103~108, 110, 111, 119,
　　123, 124, 128, 129

과학사기술사사전  113

관상감  112, 121

관인官人  44

96각  47

궁루  72, 130

규표  109, 120

금병金瓶  23

금탁金鐸  22

기기敧器  21, 41, 44, 55

기기대  44

기기도敧器圖  56, 57

기륜機輪  21, 22, 65

김담  109

김돈金墩  20, 21, 26, 31, 33, 39, 73

김영  124

## |나|

남병길  124

남병철  124

농수각  112

누각樓閣 19

누각漏刻 74

누각박사 74

누각전漏刻典 74

누국漏局 19


| 다 |

단급부전루單級浮箭漏 74

당종법撞鐘法 54

대통력大統曆 112

동통 69

등구燈毬 71

등루燈漏 71, 72, 130


| 마 |

만수전 18

목각木閣 89

무사 53

물시계 65, 85, 118, 130


| 바 |

박규수 124

박연朴堧 36, 37, 39

방목 68, 69

100각법百刻法 47

보루각기報漏閣記 20, 30

보루각루 37, 38, 53, 54, 64, 68, 69, 73, 74, 77, 85, 105, 109

부루표영浮漏表影 24

부전浮箭 64, 68, 74

부정시법 46

빈풍豳風 21, 45

빈풍도豳風圖 24, 45, 46

빈풍칠월도豳風七月圖 57

빈풍칠월편 45


| 사 |

사급보상형부전루四級補償型浮箭漏 74

사신四神 24

사신司辰 21, 24, 42, 53

4신神 21, 41, 48, 65, 67

4신기륜 65, 67, 68

4신옥녀 65, 67

사유의四游儀 40, 92~94

사직司直 26

삼급보상형부전루三級補償型浮箭漏 74

삼신쌍환 59, 60, 66

삼신의 40, 59, 60, 92, 93

석각천문도 18

소간의 109, 119

소송蘇頌　75, 83~85

송이영宋以穎　20, 58~60, 112, 121, 124

송준길宋浚吉　124

수격식　19, 77

수수상受水箱　65, 75, 77~81, 97, 98

수수호受水壺　46, 74

수운의상대水運儀象臺　75, 76, 79, 85,
　86, 97, 98, 100, 130

수운혼천水運渾天　24

수차　65, 75, 77~80, 85, 97, 98, 130

수표　109

승수상호升水上號　91

승수하류升水下流　91

승수하호升水下號　91

시보기륜　65, 67, 68, 70

시보대　53, 65, 68

시보시스템　85

시헌력時憲曆　47, 112, 121, 125

신법지평일구　128

신의상법요新儀象法要　75, 79, 80, 83, 85

12시　68

12시진時辰　42, 46

십이신十二神　24

12신神　21, 23, 44, 50, 65, 68, 72

12신기륜　65, 68

12신옥녀　65, 67, 68

|아|

알자자리　69

앙부일구　104, 111, 114, 119, 127

앙의仰儀　24

양각혼의성상도감兩閣渾儀成象都監　37

양영찬梁令瓚　94

양의현람도兩儀玄覽圖　125

여지구輿地球　125

연려실기술燃藜室記述　37, 38

연주운동　58, 60

열성계훈육병감계도列聖戒訓六屛鑒戒圖　56

오버플로우overflow　64

5경　68

오운繁雲　92

5점　68

오행설五行說　48

옥녀玉女　21~24, 41

옥루玉漏　17, 21, 22, 73, 111, 131

옥루기륜玉漏機輪　73

왕번王蕃　96

용주龍柱　92

육합의六合儀　40, 59, 87, 92~94

이급보상형부전루二級補償型浮箭漏　74

이긍익李肯翊　37

이민철李敏哲　20, 81

이순지李純之　32, 85, 109

이순풍　94

24기氣　121

28수 94

이천 31

일성정시의日星定時儀 22, 105, 109

일주운동 58, 60

일행一行 94


|자|

자격궁루自擊宮漏 29

자격루 30, 46, 53, 73, 104, 111, 118, 119

자명종 20, 121, 124

자미원 94

자오쌍환 59

장사훈張思訓 94

장영실 17, 26~32, 34~39, 85, 109, 111, 117, 118

장형張衡 94

적도경위의 124

적도단환 92

적도환 40, 59

접이식flip-type 80, 81, 98

정남일구 109, 111

정두원 125

정인証人 43, 53

제가역상집 71, 85, 107

종인鍾人 24, 53

주야기륜晝夜機輪 84, 88~90

주작신朱雀神 23

주전籌箭 63, 65

주전장치 65, 68~70, 72

주척 110

주천도 94

중외관성 94

지평일구 128

지평환 59

직방외기職方外紀 125

진자장치 112, 121


|차|

창덕궁 18

천륜天輪 65~67, 88, 96

천문박사 74

천문의기 22, 109

천상열차분야지도 114

천운환天運環 59, 65~67, 87

천추전千秋殿 19, 21

천평일구 109, 111

천형天衡 75, 98

천형시스템 85

천형장치 65, 75, 77~79, 97, 130, 131

철척鐵尺 81

철환방출부 69

첨성대 104, 114

청룡신青龍神 22

최유지崔攸之 19

추동식錘動式 20

추륜樞輪 75, 90, 91, 97, 101

추형장치 97

측우기 104, 109

칠정산내편 108~110

칭루秤漏 74~76


| 타 |

탈진기eascapement 77

탈진시스템 131

탕약망湯若望 125

통차筒車 81

퇴수호 91


| 파 |

파수호播水壺 74, 75

폴리오트foliot 77, 112, 121


| 하 |

하차河車 91

한공렴韓公廉 84, 94

한현부韓顯符 94

해시계 104

해자海子 63

행루 109

현주일구 109, 111

혼상 84~87, 90, 91, 94~96, 109, 111, 124, 130

혼상의渾象儀 81

혼의 83~87, 90~92, 109, 130

혼천시계 19, 20, 58~60, 68, 81, 112, 113, 121, 123, 124

혼천의 39, 40, 59, 65, 111, 114, 121, 124

혼천의상渾天儀象 24

혼천의설渾天儀說 125

홍대용 112, 124

황도쌍환 92

황도유의黃道遊儀 24

황도환 40, 59

회남자淮南子 48

휴대용 앙부일구 113, 126, 127

휴대용 해시계 124

흠경각欽敬閣 17~19, 21, 33, 57, 118

흠경각기欽敬閣記 20, 22, 26, 33, 39, 54, 63, 64, 73

흠경각루欽敬閣漏 17~19, 21, 25, 33, 37, 38, 40, 43, 46, 48, 50, 53, 55, 58, 59, 63, 65, 69, 72~75, 77, 78, 81, 86, 109, 129~132

**김상혁**金相赫 Kim, Sang Hyuk

충북대학교에서 고천문학으로 석사를 받은 후, 중앙대학교에서 「송이영 혼천시계의 작동 메커니즘에 대한 연구」로 박사를 받았다. 국립문화재연구소와 충북대학교에서 Post-Doctor 연구원을 지냈고, 문화재청 일반동산문화재 과학기술분야 감정위원을 역임했다. 현재 한국천문연구원에서 천문의기 복원연구를 진행하고 있다. 주요 연구 논저로는 「조선시대 간의대의 배치와 척도에 대한 추정」, 「혼천시계의 시보시스템 구조 분석」, 「흠경각루의 내부구조에 대한 연구」, 『국보 제230호 송이영의 혼천시계』(2012), 『천문을 담은 그릇』(2014), 『조선시대 천문의기』(2016) 등이 있다.

**함선영**咸善榮 Ham, Seon Young

충북대학교에서 고천문학으로 석사를 받은 후, 동 대학원에서 박사과정을 수료했다. 현재 한국천문연구원에서 천문의기 설계 및 모델링 연구 등을 진행하고 있다. 주요 연구 논저로는 「성경 성표를 활용한 혼상 제작 연구」, 「흠경각루의 수차제어시스템 모델 설계」, 『조선시대 천문의기』(2016) 등이 있다.

**이용삼**李勇三 Lee, Yong Sam

연세대학교 천문기상학과 졸업 후 관측천문학으로 석사를 받고, 국립천문대를 거쳐 연세대학교에서 측·분광 관측천문학으로 박사를 받았다. 1989년부터 충북대학교 천문우주학과 교수로 재직한 후, 2016년 3월부터 명예교수로 임명되었다. 현재 천문우주과학기술인 협동조합 이사장을 맡고 있다. 한국우주과학회 회장을 역임하였고, 문화재 전문위원과 과학기술분야 문화재 감정위원을 역임했다. 간의, 혼천의, 일성정시의, 규표 등 천문의기 복원연구를 수행하였고 후학들을 지도하고 있다. 주요 연구 논저로는 「세종대 간의의 복원과 사용법」, 「신라시대 천문역법과 물시계 복원연구」, 「조선의 세종시대 규표의 원리와 구조」, 「송이영 혼천시계의 천체운행 장치 구조와 작동원리 연구」, 『천문을 담은 그릇』(2014), 『괴담 배상열의 천문과 선기옥형』(2015), 『조선시대 천문의기』(2016) 등이 있다.

# 장영실의 흠경각루, 그리고 과학산책

**초판 1쇄 발행** 2017년 11월 30일

**지은이** 김상혁·함선영·이용삼
**펴낸이** 홍기원

**총괄** 홍종화
**편집주간** 박호원
**편집 · 디자인** 오경희 · 조정화 · 오성현 · 신나래
　　　　　　　김윤희 · 이상재 · 김혜연 · 이상민
**관리** 박정대 · 최기엽

**펴낸곳** 민속원
**출판등록** 제18-1호
**주소** 서울시 마포구 토정로 25길 41(대흥동 337-25)
**전화** 02 804-3320, 805-3320, 806-3320(代)
**팩스** 02) 802-3346
**이메일** minsok1@chollian.net, minsokwon@naver.com
**홈페이지** www.minsokwon.com

ISBN 978-89-285-1101-3
S E T 978-89-5638-390-3　　94080

이 서적은 2012년도 정부(미래창조과학부)의 재원으로 한국연구재단의 지원을 받아 수행된 기초
연구사업임 (NRF-2012R1A1A2003575).